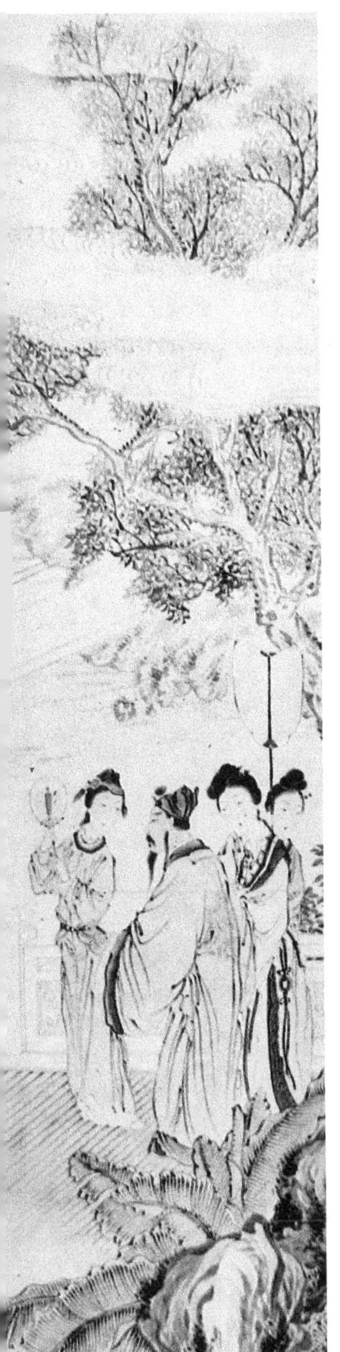

紅樓夢類輯

龐元龍 著

美國鳳凰臺出版社

Phoenix Bilingual Publishing House U.S.A.

作者：龐元龍

責任編輯：郇桓

設計制作：李豈

印張：5.5 in x 8.5 in（210mm x 140mm）

ISBN：979-8-8689-6771-9

出版發行：美國鳳凰臺出版社

郵箱：info@eastwestart.org

www.eastwestart.org/ www.icultures.org

地 址：3769 Peralta Blvd. Ste I Fremont CA 94536

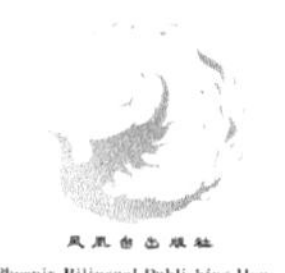

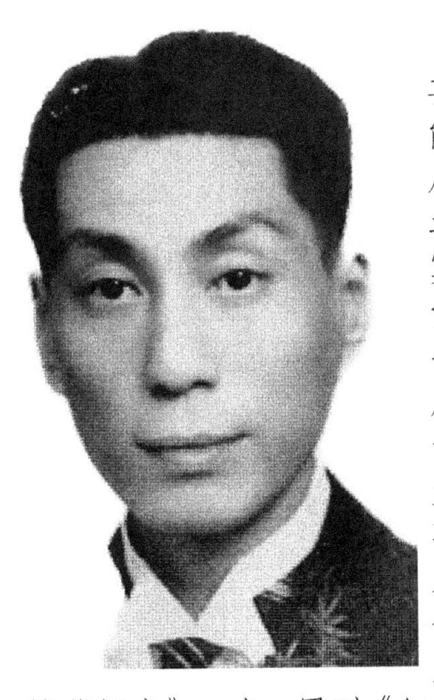

1939 年冬，先父臥病甚劇，日夜需人看護，不能廢離，其時餘適賦閑家居通宵侍奉，經常有餘任之。乃長夜漫漫，殊感寂寞，遂重閱《紅樓夢》以資消遺，并將書中人物，逐一記錄，一月有餘，居然成册。本擬俟父病好轉，再予整理。不幸藥石無效，先父弃養。復爲衣食奔走，人事栗碌，未遑及此。原稿束諸高閣，久亦漸次散佚。其後數年，偶於坊間購得清人姚燮編著之《紅樓夢類索》一書，羅列《紅樓夢》中之人物，衣飾，菜肴等等，分門別類，備及周詳，心竊好之，珍藏書篋，20 餘年。旋因故遺失，深感惋惜。去歲内子由穗探親歸來，携回人民文學出版社一九七三年北京版（程乙本）《紅樓夢》一部，不禁舊興復萌，不揣翦陋，貿然效顰《紅樓夢類索》，輯成一册，并增其類別，凡卅閱月而知告殺青。但限于水平，其中魯魚亥承，挂一漏萬之處，勢所難免，好在游戲小品，無關宏旨，聊助茶餘酒後之談興耳。愛書經過，置于卷首。

I

上海光華大學經濟系
文學，古典文學，《紅》學研究者
龐元龍先生 (1912-1977)

目録

（一）前言

　　本書是亡夫龐元龍的遺稿，是他多年來愛好文學，古典文學和特別偏愛《紅樓夢》，這部封建時代的優秀文學遺產而編撰的。

　　此稿始筆于一九三九年冬其父病榻旁，後因其父去世，爲衣食奔走而弃筆。一九七三年人民文學出版社再版《紅樓夢》（程乙本），他舊興復萌，重又再輯，不幸夙願未酬，抱病先卒。故本書正如亡夫《前言》中所述：其中挂一漏萬之處，定所難免。望讀者指正。

　　《紅樓夢類輯》是繼清人姚燮編著的《紅樓夢類索》一書後，又增添類別，分門別類而草成的文學游戲小品發表出來。供《紅樓夢》愛好者之佐證和《紅學》研究者之方便耳。

　　最後對曾爲本書整理校勘的陳從周，陳丁嫵，孫國平敬表謝意！

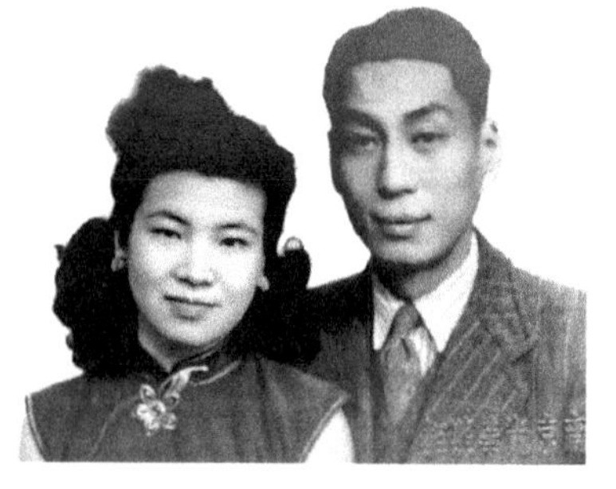

上海聖約翰大學教育系

上海新群中學數學教師

鄒頤年　　1980.10

《紅樓夢類輯》序

　　龐元龍先生遺著《紅樓夢類輯》一書，其夫人鄒頤年持以示餘，深嘆斯人往矣。手澤猶新，敬讀一過，唏噓不已。私感爲學之道，持之以恒，堪爲後輩足式。先生侍愛親病榻，奉藥石之餘，不廢筆扎，積之有年，終成此巨帙，且第孝心一端而已。餘維類書之輯，最有益他人，而于初學者及研究者之助尤著。雖然"爲人裁作嫁衣裳"有近乎不敏，然天下之事，其不敏者反成慧業，無爲即有爲，此理明矣。

　　《紅樓夢》之學，餘實屬門外漢，而究紅學名流，若俞平伯，王昆崙，周汝昌，馮其庸諸公却頗多往還。至于書中建築園林及器物等即使有所涉臘，唯知之甚微。今得見斯篇，惠我多矣。越心儀其人，惜不能起先生于地下，與諸紅學家共商討之。一慟！

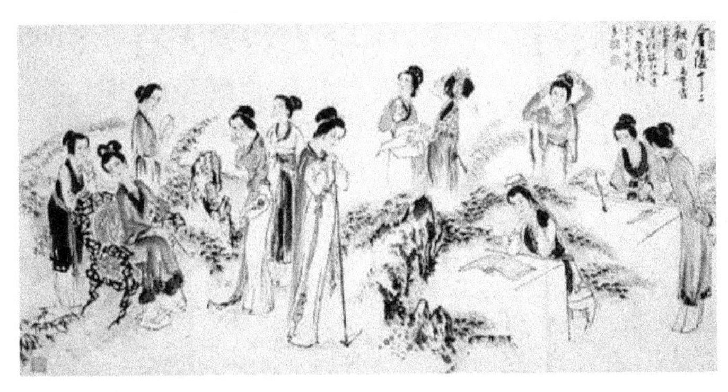

上海聖約翰大學昆曲社

上海同濟大學建築系教授

陈从周　1981.1

（二）人物

1. 榮寧本支

＊第53回　　賈　演　　　　寧國公。

＊第 2 回　　賈代化　　　　寧國公長子，京營節度使，
世襲一等神威將軍。

＊第 2 回　　賈　敷　　　　賈代化長子，八九歲卒。

＊第 2 回　　賈　敬　　　　賈代化次子，襲爵，丙辰科進士，
因好修道煉丹，
爵位讓給其子賈珍承襲。

＊第 2 回　　賈珍賈　　　　敬獨子，世襲三品爵威烈將軍。

＊第 5 回　　尤　氏　　　　賈珍繼室，無出。

＊第63回　　佩　鳳　　　　賈珍妾。

＊第63回　　偕　鸞　　　　賈珍妾。

＊第75回　　文　花　　　　賈珍妾。

＊第 2 回　　賈　蓉　　　　賈珍獨子，五品龍禁尉職衛。

＊第 5 回　　秦可卿　　　　賈蓉元配，小名可兒，字兼美，
系其父秦邦業從養生堂抱來的。

＊第29回　　胡　氏　　　　賈蓉繼室，京幾道胡老爺之女。

＊第 2 回　　賈惜春　　　　賈珍胞妹，別號藕榭，後帶髮修行。

＊第 3 回　　賈　源　　　　榮國公（第53回又稱賈法）

＊第 2 回　　賈代善　　　　榮國公長子。

＊第 2 回　　史　氏（賈母）賈代善元配，金陵世家史侯之女，
亦稱"史太君"榮寧二府都呼爲
"老祖宗"，卒年八十三歲。

＊第 2 回　　賈　赦　　　　賈代善長子，字恩侯，襲爵一等將
軍，邢夫人賈赦繼室，無出。

＊第67回　　嫣　紅　　　　賈赦妾。

＊第 2 回　　賈　璉　　　　賈赦獨子，同知職衛。

＊第 2 回　　王熙鳳　　　　賈璉元配，小名鳳哥，
王夫人的內侄女。

2.賈氏宗族

代字輩:

*第 8 回　　賈代儒　　　　賈氏塾師。
*第12回　　代儒妻

文字輩:

*第13回　　賈　敕
*第13回　　賈　效
*第13回　　賈　敦

玉字輩:

*第 9 回　　賈　瑞　　　　賈代儒長孫，字天祥。
*第10回　　賈　璜　　　　玉字輩嫡派，金榮的姑丈。
*第10回　　璜大奶奶　　　賈璜妻，姓金。
*第13回　　賈　琮
*第13回　　賈　瑞
*第71回　　賈瑞母
*第71回　　賈堯鸞　　　　賈瑞之妹。
*第13回　　賈　珩
*第13回　　賈　珖
*第13回　　賈　琛
*第13回　　賈　瓊
*第71回　　賈瓊母
*第71回　　賈四姐　　　　賈瓊之妹。
*第13回　　賈　璘
*第63回　　賈　瓔

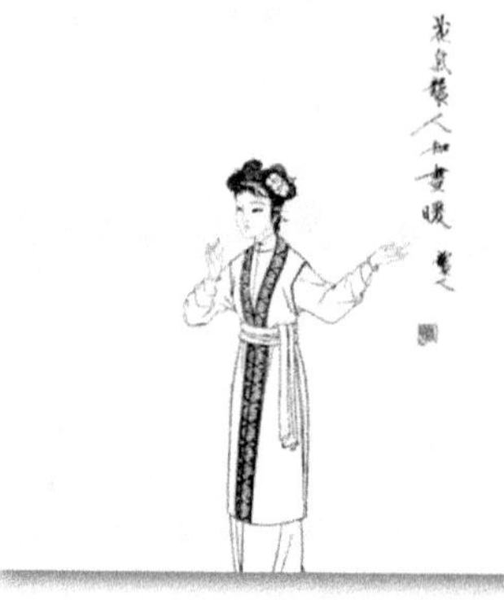

草字輩：

＊第 ９ 回	賈 薔	寧府中正派玄孫，蓋造大觀園時派 赴姑蘇置辦學戲的女孩。
＊第 ９ 回	賈 蘭	榮府近派重孫。
＊第５３回	妻 氏	賈蘭母。
＊第 ９ 回	賈 菌	榮府近派重孫。
＊第１３回	賈 菖	
＊第１３回	賈 菱	
＊第１３回	賈 蕓	
＊第２３回	五嫂子	賈蕓母。
＊第１３回	賈 芹	
＊第２３回	楊 氏	賈芹母。
＊第１３回	賈 蓁	
＊第１３回	賈 萍	
＊第１３回	賈 藻	
＊第１３回	賈 蘅	
＊第１３回	賈 芬	
＊第１３回	賈 芳	
＊第１３回	賈 芝	
＊第５３回	賈 荇	
＊第５３回	賈 芷	
＊第 １ 回	賈 化	表字時飛，別號雨村，湖州人氏， 與賈府同姓聯宗。
＊第 ２ 回	嬌 杏	賈雨村妾，後扶正， 原系甄士隱的丫頭。

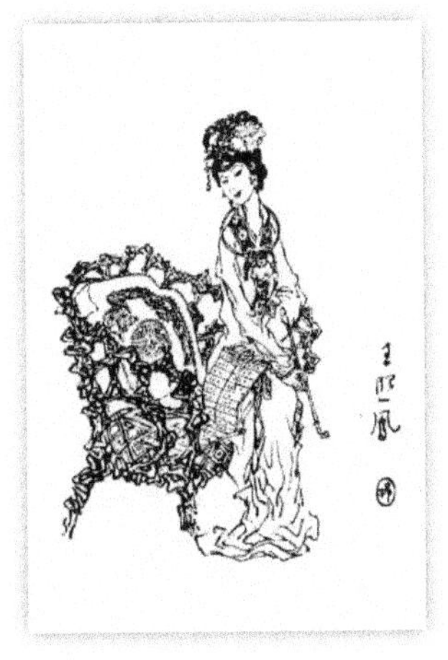

3. 榮寧親友

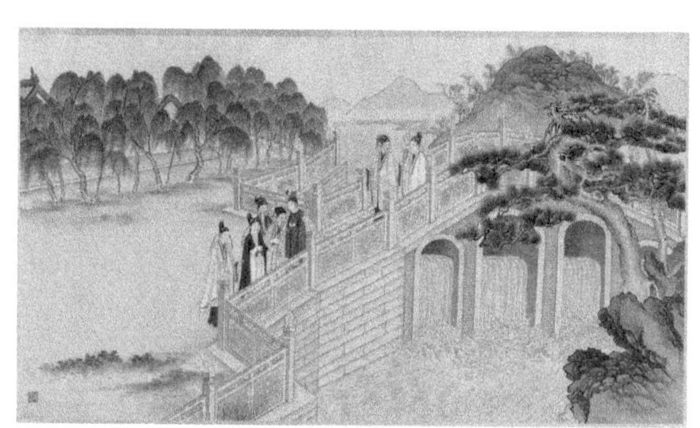

4. 管家 僕役

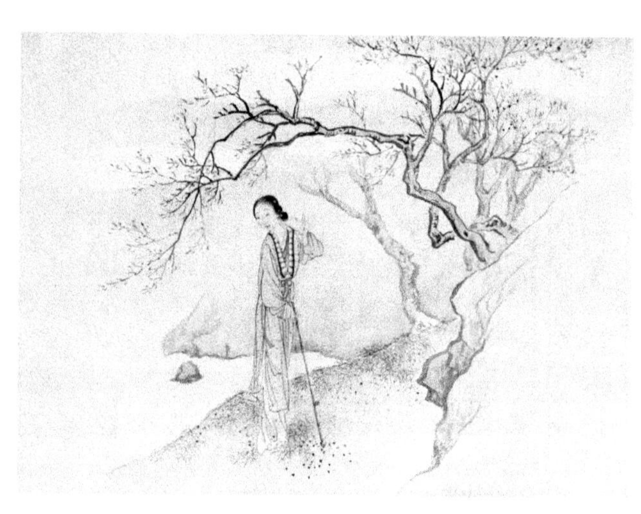

5. 丫頭 小厮

＊第２４回	小　紅	王熙鳳的丫頭，本名紅玉，林子孝的女兒，原爲寶玉的丫頭，後歸王熙鳳。
＊第６８回	善　姐	王熙鳳的丫頭。
＊第２９回	素　雲	李紈的丫頭。
＊第２９回	碧　月	李紈的丫頭。
＊第１８回	抱　琴	賈元春的丫頭，隨元春進宮。
＊第７回	司　棋	賈迎春的丫頭，姓秦。
＊第２９回	綉　橘	賈迎春的丫頭。
＊第６１回	襲　人	賈寶玉的丫頭，姓花，本名蕊珠，原系賈母的大丫頭，也服侍過史湘雲，是寶玉實際上的妾，後嫁給蔣玉函。
＊第５回	晴　雯	賈寶玉的丫頭。
＊第５回	麝　月	賈寶玉的丫頭。
＊第５回	秋　紋	賈寶玉的丫頭。
＊第７回	茜　雪	賈寶玉的丫頭。
＊第２０回	綺　霞	賈寶玉的丫頭。
＊第２０回	碧　痕	賈寶玉的丫頭。
＊第２０回	春　燕	賈寶玉的丫頭。
＊第２１回	四　兒	賈寶玉的丫頭，原名蕙香，襲人改爲蕙香，寶玉又改爲四兒。
＊第６０回	五　兒	寶玉的丫頭。
＊第２４回	檀　雲	賈寶玉的小丫頭。
＊第２６回	佳　蕙	賈寶玉的小丫頭。
＊第２６回	墜　兒	賈寶玉的小丫頭，因偷蝦鬚鐲被攆。
＊第５２回	定　兒	賈寶玉的小丫頭。
＊第８回	鶯　兒	薛寶釵的丫頭，姓黃，原名金鶯。
＊第２９回	文　杏	薛寶釵的丫頭。
＊第７回	侍　書	賈探春的丫頭。
＊第２９回	翠　墨	賈探春的丫頭。

＊第２８回	壽兒	賈寶玉的小厮。（與賈珍的小厮重名）
＊第５２回	伴鶴	賈寶玉的小厮。
＊第３９回	住兒	榮府小厮。
＊第１０２回	栓兒	榮府小厮。
＊第９０回	黑兒	看守大觀園內花果的婆子的兒子。
＊第４７回	杏奴	薛蟠的小厮。
＊第１８回	齡官	學戲的女孩子。
＊第２７回	文官	學戲的女孩子，後派在賈母處。
＊第３０回	寶官	學戲的女孩子，小生。
＊第３０回	玉官	學戲的女孩子，正旦。
＊第３６回	葵官	學戲的女孩子，大花面，後給了史湘雲。
＊第３６回	藥官	學戲的女孩子，小旦，早死。
＊第５８回	芳官	學戲的女孩子，正旦，後派在寶玉處，最後跟小月庵智通去當姑子。
＊第５８回	蕊官	學戲的女孩子，小旦，後派在寶釵處，最後跟地藏庵圓信去當姑子。
＊第５８回	藕官	學戲的女孩子，小生，後派在黛玉處，最後也是跟地藏庵圓去當姑子。
＊第５８回	荳官	學戲的女孩子，小花面，後給了薛寶琴。
＊第５８回	艾官	學戲的女孩子，老外，後派在探春處。
＊第５８回	茄官	學戲的女孩子，老旦，後派在尤氏處。

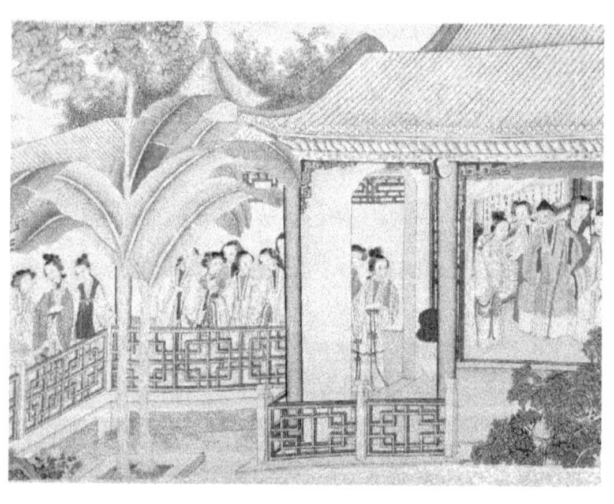

6. 其他

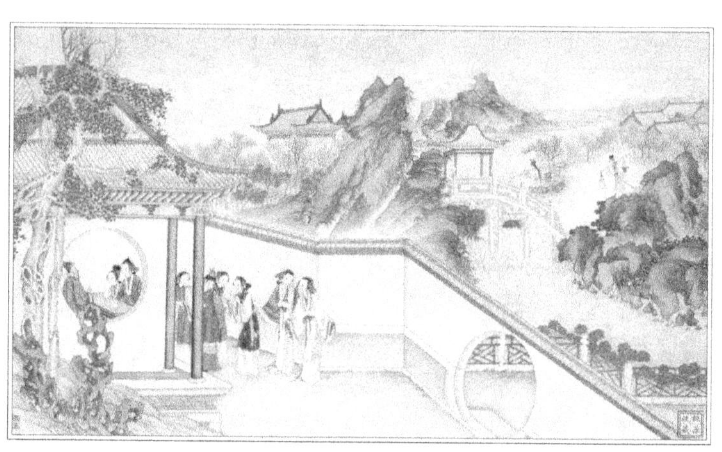

（三）庭院軒館

＊第　5　回	會芳園	寧府花園（一作匯芳園）。
＊第１１回	天香樓	寧府。
＊第１１回	凝曦軒	寧府。
＊第１３回	追蜂軒	寧府。
＊第１３回	登仙閣	寧府會芳園內。
＊第７５回	叢綠堂	寧府會芳園內。
＊第７１回	榮慶堂	榮府，賈母設壽宴處。
＊第９６回	榮禧堂	榮府正大堂。
＊第　4　回	梨香院	當日榮國公暮年靜養之所。
＊第２３回	綺散齋	榮府書房。
＊第　8　回	夢坡齋	賈政小書房。
＊第　8　回	絳蕓軒	賈寶玉未搬進大觀園內之前臥室。
＊第１８回	大觀樓	大觀園內正樓。
＊第102回	省親正殿	大觀園內。
＊第６３回	榆蔭堂	大觀園內。
＊第７１回	嘉蔭堂	大觀園內。
＊第１８回	瀟湘館	大觀園內，林黛玉居處。
＊第１８回	怡紅院	大觀園內，賈寶玉居處。
＊第１８回	蘅蕪院	大觀園內，薛寶釵居處。
＊第１８回	紫菱洲	大觀園內，賈迎春居處。
＊第１８回	綴錦樓	大觀園內，東面飛樓，在紫菱洲，賈迎春居處。
＊第４０回	綴錦閣	大觀園內，在紫菱洲綴錦樓。
＊第２３回	秋掩書齋	大觀園內，又名秋爽齋，賈探春居處。
＊第４０回	曉翠堂	大觀園內，在秋爽齋，探春房。
＊第１８回	藕香榭	大觀園內，賈惜春居處。
＊第１８回	蓼風軒	大觀園內，在藕香榭。
＊第４８回	暖香塢	大觀園內，在藕香榭，惜春房。

（四）傢具 陳設

（五）服裝 飾物

＊第 1 回	通靈寶玉（大如雀印，燦着明霞）	
＊第 3 回	金絲百寶攢珠髻	王熙鳳
＊第 3 回	朝陽五鳳挂珠釵	王熙鳳
＊第 3 回	赤金盤螭瓔珞圈	王熙鳳
＊第 3 回	縷金百蝶穿花大紅雲緞窄褃襖	王熙鳳
＊第 3 回	五彩刻絲石青銀鼠褂	王熙鳳
＊第 3 回	翡翠撒花洋縐裙	王熙鳳
＊第 3 回	紅綾襖青綢掐牙背心	丫頭服裝
＊第 3 回	束發嵌寶紫金冠	賈寶玉
＊第 3 回	二龍戲珠金抹額	賈寶玉
＊第 3 回	二色金百蝶穿花大紅箭袖	賈寶玉
＊第 3 回	五彩絲攢花結長穗宮縧	賈寶玉
＊第 3 回	石青起花八團倭緞排穗褂	賈寶玉
＊第 3 回	青緞粉底小朝靴	賈寶玉
＊第 3 回	金螭瓔珞	賈寶玉
＊第 3 回	金八寶墜脚的一串四顆大珠	賈寶玉
＊第 3 回	銀紅撒花半舊大襖	賈寶玉
＊第 3 回	松綠撒花綾褲	賈寶玉
＊第 3 回	錦邊彈墨襪	賈寶玉
＊第 3 回	厚底大紅鞋	賈寶玉
＊第 6 回	紫貂昭君套	王熙鳳家常穿
＊第 6 回	攢珠勒子	王熙鳳家常穿
＊第 6 回	桃紅灑花襖	王熙鳳家常穿
＊第 6 回	石青刻絲灰鼠披風	王熙鳳家常穿
＊第 6 回	大紅洋縐銀鼠皮裙	王熙鳳家常穿
＊第 6 回	通靈寶玉	賈寶玉胎中口含之物
＊第 8 回	金鎖	薛寶釵
＊第 8 回	蜜合色棉襖	薛寶釵

（六）器具 用品

用品類：

＊第 3 回　　　翠幄清油車

＊第 3 回　　　猩紅洋毯

＊第 3 回　　　大紅金錢蟒引枕

＊第 3 回　　　秋香色金錢蟒大條褥

＊第 3 回　　　銀紅撒花椅搭

＊第 3 回　　　青緞靠背引枕

＊第 3 回　　　青緞靠背坐褥

＊第 3 回　　　彈花椅袱

＊第 6 回　　　猩紅氈簾

＊第 6 回　　　大紅灑花軟簾

＊第 6 回　　　鎖子錦的靠背和引枕

＊第 6 回　　　金線閃的大坐褥

＊第１８回　　金頂鵝黃繡鳳鑾輿

＊第２１回　　杏子紅綾被

＊第２１回　　桃紅紬被

＊第２８回　　鳳尾羅

＊第２８回　　芙蓉簟

＊第２９回　　翠蓋珠纓八寶車

＊第２９回　　朱輪華蓋車

＊第４０回　　軟煙羅 又名霞影紗（做帳子及糊窗屜用）

＊第４０回　　錦裀蓉簟

＊第４１回　　蔥綠花軟簾

＊第６３回　　各色玫瑰芍藥花瓣的玉色夾紗新枕頭

器具類：

＊第 6 回　　　銀唾盒

＊第 8 回　　　小手爐

＊第１９回　　梅花香餅（手爐內用）

033

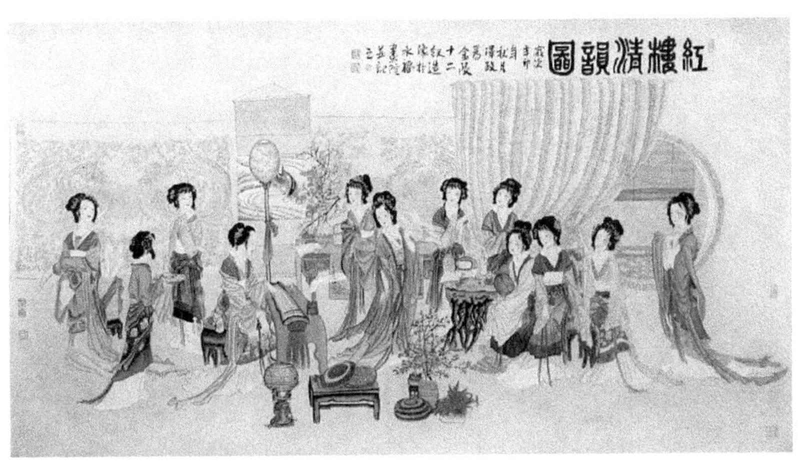

（七）食品飲料

1. 菜肴

2. 粥品

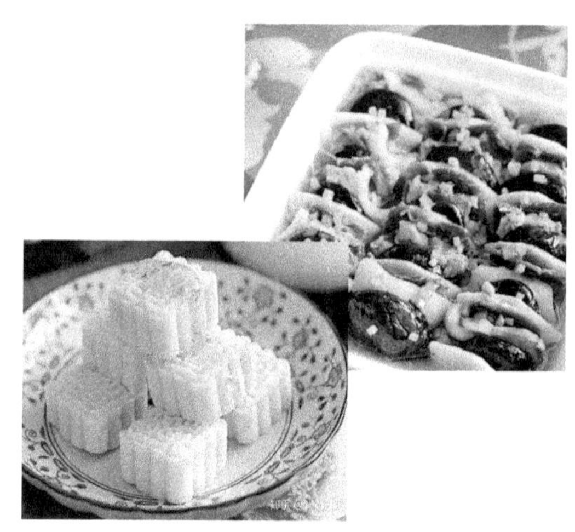

（八）丸散膏丹

（九）　扁額對聯

　*第 1 回　　假作真時真亦假，無爲有處有還無。

　　　　　　　　　　　　　　　　—— 太虚幻境石牌坊

　*第 1 回　　玉在匱中求善價，釵於奩内待時飛。

　　　　　　　　　　　　　　　　—— 賈雨村

　*第 2 回　　身後有餘忘縮手，眼前無路想回頭。

　　　　　　　　　　　　　　　　—— 智通寺山門

　*第 3 回　　座上珠璣昭日月，堂前黼黻焕烟霞。

　　　　　　　　　　　　　　　　—— 榮府榮禧堂
　　　　　　　　　　　　東安郡王穆蔚手書

　*第 5 回　　世事洞明皆學問，人情練達即文章。

　　　　　　　　　　　　　　　　—— 寧府上房内間

　*第 5 回　　嫩寒鎖夢因春冷，芳氣襲人是酒香。

　　　　　　　　　　　　　　　　—— 秦可卿卧室
　　　　　　　　　　　　宋學士秦太虚寫

　*第 5 回　　孽海情天
　　　　　　　厚地高天，堪嘆古今情不盡，痴男怨女，可憐風月債難酬。

　　　　　　　　　　　　　　——太虚幻境宫門

　*第 5 回　　薄命司
　　　　　　　春恨愁悲皆自惹，花容月貌爲誰妍。

　　　　　　　　　　　　　　——太虚幻境内配殿

　*第 5 回　　幽做靈秀地，無可奈何天。

　　　　　　　　　　　　　　——太虚幻境室内

　*第 17 回　　沁芳
　　　　　　　繞堤柳借三篙翠，隔岸花分一脉香。

　　　　　　　　　　　　　　——寶玉題大觀園内景色

　*第 17 回　　有鳳來儀（元春賜名瀟湘館）
　　　　　　　寶鼎茶閑烟尚緑，幽窗棋罷指猶涼。

　　　　　　　　　　　　　　——寶玉題大觀園内景色

（十）詩詞歌賦

*第1回　　　　　青埂峰頑石偈

無才可去樸蒼天，枉入紅塵若許年，
此系身前身後事，情誰記去作奇傳？

注釋：

偈：爲梵語"偈陀"的省文，意譯爲"頌"，是佛經文學的一體。

*第1回　　　　　題石頭記

滿紙荒唐言，一把辛酸淚！
都雲作者痴，誰解其中味？

*第1回　　　癩頭和尚爲香菱口占一絕

慣養嬌生笑你痴，菱花空對雪澌澌；
好防佳節元宵後，便是烟消火滅時。

*第1回　原來雨村自那日見了甄家丫環曾回顧他兩次，自設是個知己，便時放在心上，今又正值中秋，不免對月有懷，因而口占五言一律雲：

未卜三生願，頻添一段愁；
悶來時斂額，行去幾回頭。
自顧風前影，誰堪月下儔？
蟾光如有意，先上玉人樓。

...... 雨村此時已有七八分酒意，狂興不禁， 乃對月寓懷，口占一絕
雲：

時逢三五便團圞，

滿把清光護玉欄；

天上一輪才捧出，

人間萬姓仰頭看。

好了歌

（甄士隱乃）暮年之人，那禁得貧病交攻，竟漸漸的露出了那下世的
光景來。可巧這日拄了拐扎掙到街前散散心時，忽見那邊來了一個跛
足道人，瘋狂落拓，麻鞋鶉衣。口內念着幾句言詞道：

世人都曉神仙好，惟有功名忘不了！

古今將相在何方，荒冢一堆草沒了。

世人都曉神仙好，只有金銀忘不了！

終朝只恨聚無多，及到多時眼閉了。

世人都曉神仙好，只有嬌妻忘不了！

君生日日說恩情，君死又隨人去了。

世人都曉神仙好，只有兒孫忘不了！

痴心父母古來多，孝順子孫誰見了。

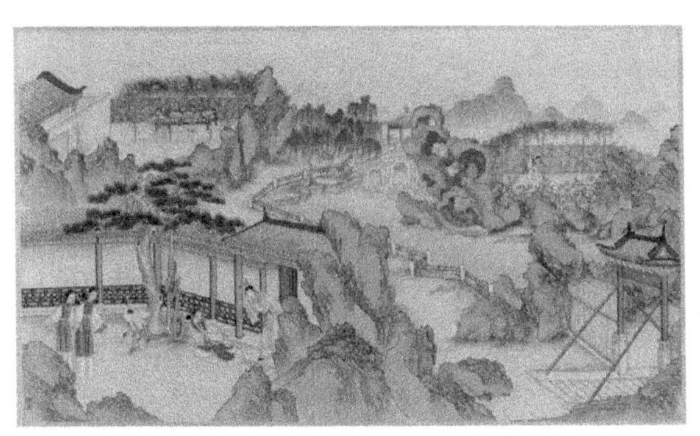

好了歌解

　　士隱聽了，便迎上來道：“你滿口說些什麼？——只聽見些‘好了’‘好了’”。那道人笑道：“你若果聽見‘好了’二字，還算你明白：可知世上萬般，好便是了；了便是好；若不了，便不好；若要好，須是了。——我這歌兒便叫‘好了歌’”。士隱本是有夙慧的，一聞此言，心中早已悟徹，因笑道：”且住！待我將你這‘好了歌’注解出來何如？“道人笑道：“你就請解”。士隱乃說道：

陋室空堂，當年笏滿床，衰草枯楊，曾爲歌舞場；蛛絲兒結滿雕梁，綠紗今又在蓬窗上。說甚麼脂正濃，粉正香，如何兩鬢又成霜？昨日黃土隴頭埋白骨，今宵紅綃帳底臥鴛鴦。金滿箱，銀滿箱，轉眼乞丐人皆謗；正嘆他人命不長，那知自己歸來喪？訓有方，保不定日後作强梁。擇膏梁，誰承望流落在烟花卷！因嫌紗帽小，致使鎖枷杠；昨憐破襖寒，今嫌紫蟒長；亂烘烘你方唱罷我登場，反認他鄉是故鄉；甚荒唐，到頭來都是爲他人作嫁衣裳。

注釋：

笏滿床：笏，朝臣朝會時所拿的一種象牙或木質的板，故又稱象簡，上記所奏事項以備忘，故又稱手板。笏滿床，是說家中做官的人多。

衰草枯楊：衰草，枯草；枯楊，死楊樹。

黃土隴：隴通壠，丘壠；黃土隴，黃土坵，這裏指墳地。

爲他人作嫁衣裳：秦韜玉《貧女》詩：“可恨年年壓金綫，爲他人作嫁衣裳。”這裏是說空爲別人忙碌。

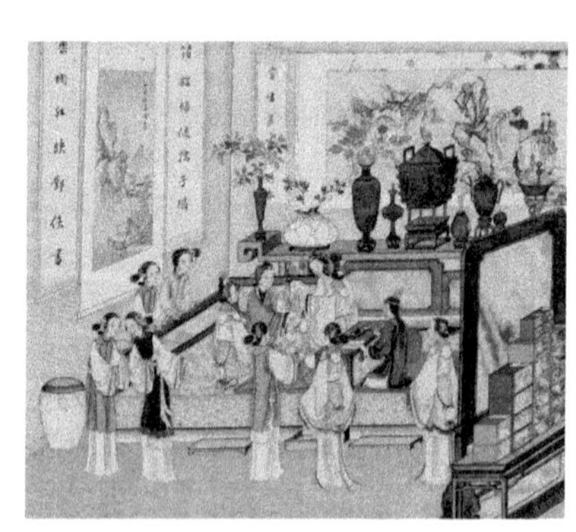

無故尋愁覓恨，有時似傻如狂；縱然生得好皮囊，腹內原來草莽。潦
倒不通庶務，愚頑怕讀文章；行爲偏僻性乖張，那管世人誹謗！

富貴不知樂業，貧窮難耐凄涼；
可憐辜負好時光，於國於家無望。
天下無能第一，古今不蕭無雙；
寄言紈褲與膏粱，莫效此兒形狀！

注釋：

好皮：佛教認爲人的靈魂是不死不滅的，而人的肉體是爲靈魂提供了
一個暫時的住所，猶如一個皮肉的口袋，這裏指好看的外貌。

庶務：各種事務。此指結交仕人，應酬官府等。

於國句：賈府的封建正統勢力曾把齊家治國的希望寄托在賈寶玉身
上，然而都落空了，所以説"無望"。

寄言句：寄言即贈言；紈，細絲織品，膏，肥肉，粱，精米飯，紈褲
和膏粱都是富貴人家用的衣食，用它代稱富貴而不學無術的子弟。

* 第 3 回   贊林黛玉

兩彎似蹙非蹙籠烟眉，一雙似喜非喜含情目。
態生兩靨之愁，嬌襲一身之病。
泪光點點，嬌喘微微。
閑静似嬌花照水，行動如弱柳扶風。
心較比乾多一竅，病如西子勝三分。

第 4 回

護官符

賈不假，白玉爲堂金作馬。
阿房宮，三百裏，住不下金陵一個史。
東海缺少白玉床，龍王來請金陵王。
豐年好大 "雪"，珍珠如土金如鐵。

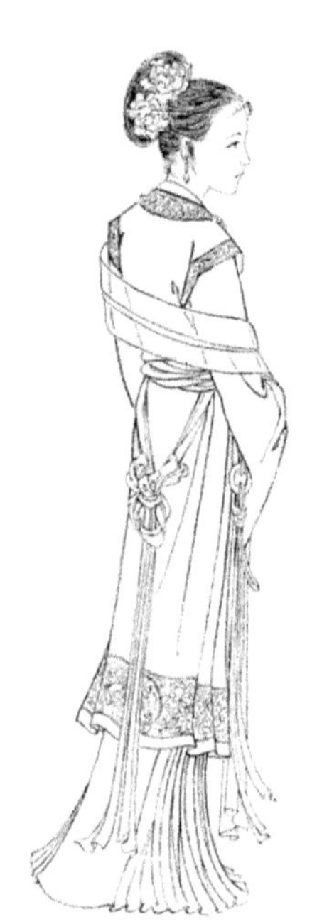

警幻仙姑賦

方離柳塢，乍出花房。

但行處，鳥驚庭樹；將到時，影度迴廊，

仙袂乍飄兮，聞麝蘭之馥鬱；

荷衣欲動兮，聽環珮之鏗鏘。

靨笑春桃兮，雲髻堆翠；

唇綻櫻顆兮，榴齒含香。

盼纖腰之楚楚兮，風迴雪舞；

耀珠翠之的的兮，鴨綠鵝黃。

出沒花間兮，宜嗔宜喜；

緋徊池上兮，若飛若揚。

蛾眉欲顰兮，將言而未語；

蓮步作移兮，欲止而仍行。

美美人之良質兮，冰清玉潤，

慕美人之華服兮，爛爍文章。

愛美人之容貌兮，香培玉篆；

比美人之態度兮，鳳翥龍翔。

其素若何：春梅綻雪；

其潔若何：秋蕙披霜。

其靜若何：松生空谷；

其艷若何：霞映澄塘。

其文若何：龍游曲沼；

其神若何：月射寒江。

遠漸西子，近愧王嬙。

生於熟地？降自何方？

若非宴罷歸來，瑤池不二；

定應吹簫引去，紫府無雙者也。

注釋：

荷衣：用荷衣做的衣裳。
屈原《離騷》："制芰荷以爲衣兮，集芙蓉以爲裳。"

靨：面頰的笑坑，俗稱酒窩。

雲鬢堆翠：雲鬢，雲彩形狀的髮型；翠，青綠色，山色稱翠。
全句意爲：雲形的髮鬢如青山堆在那裏。

風迴雪舞：旋風吹得雪花飛舞。
曹植《洛神賦》"飄飄兮，若流風之回雪。"

的的：鮮明，光亮的樣子。
許恍《説文》："的明也"。

爛爍文章：爛，火光跳動的樣子；爍，光亮閃動；
文章，指顏色花紋錯雜相間。

鳳翥龍翔：翥，高飛；翔，翱翔。

素：末染的絲，這裏作白色解。

吹簫：《列仙傳拾著》："簫史善吹簫，作鸞鳳之響。
秦穆公有女弄玉，善吹簫，公似妻子，遂教弄玉作鳳鳴。
居十數年，鳳凰來止。公爲作鳳臺，夫婦止其上。
數年，弄玉采鳳，兼史乘龍去。

紫府：仙府。

　　　　　　　　金陵十二釵又副冊判詞

寶玉便伸手先將"又副冊"櫥門開了。拿出一本冊來，揭開看時，祇見這首頁上畫的，既非人物，亦非山水，不過是水墨瀚染，滿紙烏雲濁霧而已。後有幾項字迹，寫道是：

　　1. 霽月難逢，彩雲易散。心比天高，身爲下賤。
　　風流靈巧招人怨。壽夭多因誹謗生，多情公子空牽念。

注釋：

霽月句：霽，雨住天晴；霽月，雨後月出，點出"晴"字；彩雲，成花紋的雲彩，點出"雯"字；難逢和易散寓意晴雯的生活遭遇很不好。又見後面畫着一簇鮮花，一床破席，也有幾句言詞，寫道是：

　　2. 枉自温柔和順，空雲似桂如蘭；
　　堪羨優伶有福，誰知公子無緣。

金陵十二釵副冊判詞

……又去開了"副冊"櫥門，拿起一本冊來，打開看時，只見首頁也是畫，却畫着一枝桂花，下面有一方池沼，其中水涸泥乾，蓮枯藕敗，後面書雲：根并荷花一莖香，平生遭際實堪傷；自從兩地生孤木，致使香魂返故鄉。

注釋：

根并荷花句：荷花，又名蓮花，隱香菱原名其蓮；　一莖，即一枝，一脉；香，隱香菱的"香"字。這句用香菱兩個不同時期的名字隱括了她的一生。

兩地生孤木：這是個字逸：孤木，一個木，即木字旁；地，土也，兩"地"是兩個土字，合起來是個"桂"字，隱括了夏金桂的名字。

致使句： 香魂，專指女人的靈魂；故鄉，指靈魂原來所在的地方；返故鄉，回到原來的地方，也就是死亡。最後兩句點出了香菱的悲劇結局是被夏金桂虐待致死。高鶚未按此判詞續寫。

*第5回　金陵十二釵正册判詞

又去取那"正册"看時，只見頭一頁上畫着是兩株枯木，木上懸着一圍玉帶；地下又有一堆雪，雪中一股金簪。也有四句詩道：

> 1.可嘆停機德，堪憐咏絮才！
> 玉帶林中挂，金簪雪裏埋。

注釋：

停機德：劉向《列女傳》："孟子之少也，既學而歸，孟母方績。問曰：'學何所至矣？'孟子曰：'自若也。'孟母以刀斷其織，孟子懼而問其故。孟母曰：'子之廢學若我斷斯織也……'。孟子懼，旦夕勤學不息，師事子思，遂成天下之名。"這個教子學習奴隸制文化以復辟奴隸制的孟母，被封建統治階級奉爲賢妻良母的典範，後遂稱合乎封建道德標準的女人爲有"停機德"，此指薛寶釵。

咏絮才：謝道韞，晋謝奕女，王凝之妻。一日彼大雪，叔謝安問："何所以？"謝安侄謝朗説："撒鹽空中差可擬。"道韞説："未若柳絮因風起"。衆稱許之。事見《晋書，王凝之妻謝氏傳》。后遂稱咏雪爲咏絮，認女詩人有咏絮才。此指林黛玉。

玉帶林中挂："玉帶林"三字爲"林黛玉"的倒念金簪雪裏埋："金簪"喻寶釵，"雪"諧"薛"音。

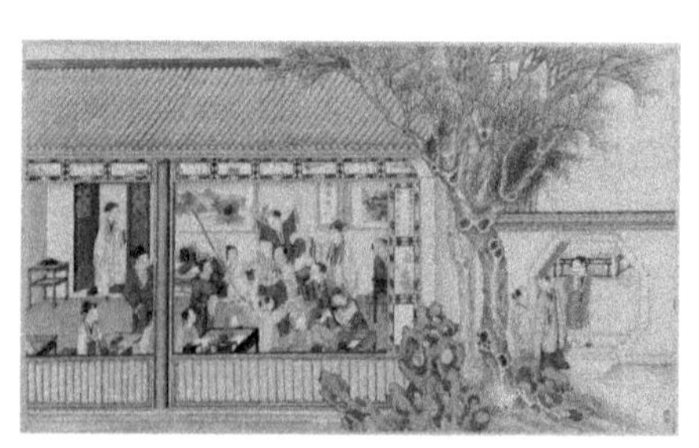

＊第5回　　只見畫着一張弓，弓上挂着一個香櫞。也有一首歌詞雲：

2.二十年來辯是非，榴花開處照宮闈；
三春争及初春景，虎兔相逢大夢歸。

注釋：
榴花句：榴花火紅，比喻元春在宮中生活奢華。
宮闈：後妃居處。
虎兔句：指元春死於寅年卯月。

＊第5回　　後面又畫着兩個人放風箏，一片大海，一隻大船，船中有一女子。掩面泣涕之狀。畫後也有四句寫着道：

3.才自清明志自高，生於末世運偏消；
清明涕泣江邊望，千里東風一夢遥。

注釋：
江邊望：寓探春遠嫁海疆，思親望鄉。
千里句：寓探春遠嫁，骨肉分離，祇有在夢中才能回到故鄉。
後面又畫着幾縷飛雲，一灣逝水，其詞曰：

4.富貴又何爲？襁褓之間父母違。
展眼吊斜輝，湘江水逝楚雲飛。

注釋：
展眼句：展，放也；斜輝，夕陽；吊，憑吊；這句是説，在夕陽西下時放眼遠望，憑吊斜暉，似暗指湘雲晚年時的命運，下句是答案。

湘江句：湘江隱一“湘”字；楚雲隱一“雲“字；因湘江在湖南，古爲楚地，故稱楚雲，這裏用湘江的逝去，白雲的飛散兩個象徵性景物表達了一種無可挽回的情調，暗示了湘雲後半生將如水逝雲飛那樣家勢衰落，貧困潦倒。　後面又畫着一塊美玉，落在污泥之中。

其斷語雲：

5.欲潔何曾潔，雲空未必空；

可憐金玉質，終陷淖泥中。

注釋：

雲空句：空，佛教術語，指超脱一切具體事物和社會生活，毫無所有的一種境界，佛教認爲這才是事物的“真諦”；雲空，説要達到空的境界，指超脱社會生活；未必空，指第八十七回妙玉未然想起日間寶玉之言，不覺心跳耳熱，神不守捨。

終陷句：淖，爛泥；寓妙玉被劫的悲劇結局。後面忽畫一惡狼，追撲一美女——欲啖之意。其下畫雲：

6.子系中山狼，得志便猖狂；

金閨花柳質，一載赴黄梁。

注釋：

子系句：子系爲孫的拆字，子，你也，系，是也；隱迎春的丈夫孫紹祖。

後面便是一所古廟，裏面有一美人，在内看經獨坐。

其判雲：

7.勘破三春景不長，緇衣頓改昔年妝；

可憐綉户侯門女，獨卧青燈古佛旁。

注釋：

緇衣句：緇衣，黑色衣服，指道裝。

綉户：富貴人家的閨房。

青燈：清冷的燈光，這裏指寺院裏幽暗的燈光。

後面便是一片冰山，山上有一隻雌鳳，其判雲：

8.凡鳥偏從末世來，都知愛慕此生才；
一從二令三人木，哭向金陵事更哀。

注釋：

凡鳥：鳳的拆字，隱王熙鳳名。

一從二令三人木：拆字格，似指賈璉對鳳姐態度變化的三個階段，最初是聽從，然後是冷淡，最後是休弃。周春《閱紅樓夢隨筆》："詩中'一從二令三人木'一句，蓋：'冷，冷也；人木，休也'"。

哭向句：高鶚續作解釋爲魂返金陵十二釵册。後面又是一座荒村野店，有一美人在那裏紡織。其判曰：

9.勢敗休雲貴，家亡莫論親；
偶因濟村婦，巧得遇恩人。

注釋：

家亡：家業凋零。

巧得句：嵌一巧姐的"巧"字。

詩後又畫一盆茂蘭，旁有一位鳳冠霞帔的美人，也有判雲：

10.桃李春風結子完，到頭誰似一盆蘭；
如冰水好空相妒，枉與他人作笑談。

注釋：

桃李句：桃李嵌一"李"字；結子完，完與"紈"同音，暗寓李紈名字；結子，《紅樓夢》第二回："頭胎生的公子名叫賈珠，十四歲進學，後來娶了妻，生了子，不到二十歲，一病就死了。"按：李紈生賈蘭不久後，丈夫夭折，青春便完結了，故曰"結子完"。

一盆蘭：指賈蘭。

如冰句：雖然後來賈蘭做了官，李紈也博得一個"美名"，但這一切都象容易清融的冰水一樣無爲，不免爲人恥笑。

詩後又畫一座高樓，上有一美人懸樑自盡。其判雲：

11.情天情海幻情深，情既相逢必主淫；
漫言不肖皆榮出，造釁開端實在寧。

注釋：
造釁句：《紅樓夢》第二回："……如今敬老爺不管事了，這珍爺那裏干正事？只一味高樂不了，把那寧國竟翻過來了，也没有敢來管他的人。

* 第5回

紅樓夢十二支曲

紅樓夢引子

開辟鴻蒙，誰爲情種？都只爲風月情濃。奈何天，傷懷日，寂寥時，試遣愚衷：因此上，演出這悲金悼玉的《紅樓夢》。

終身誤

都道是金玉良緣，俺只念木石前盟。
空對着，山中高士晶瑩雪；終不忘，
世外仙姝寂寞林。嘆人間，美中不足。
今方信；縱然是齊眉舉案，到底意難平。

注釋：
晶瑩雪：雪暗隱"薛"字。寓薛寶釵。
寂寞林：林暗寓："林黛玉"。

枉凝眉

一個是閬苑仙葩，一個是美玉無瑕。

若説没奇緣，今生偏又遇着他；

若説有奇緣，如何心事終虚話？

一個枉自嗟呀，一個空勞牽挂。

一個是水中月，一個是鏡中花。

想眼中能有多少淚珠兒，

怎禁得秋流到冬，春流到夏！

注釋：

閬苑仙葩：閬苑，傳説中仙人的園林；仙葩即仙花，這裏指林黛玉。

恨無常

喜榮華正好，恨無常又到。

眼睁睁，把萬事全抛。

蕩悠悠，芳魂消耗。

望家鄉，路遠山高。

故向爹娘夢裏相尋告：

兒命已入黄泉，天倫呵，須要退步抽身早！

注釋：

爹娘夢裏：高鶚續書中無元春給爹娘托夢事，但在第八十六回叙元春生前，賈母曾夢見過他：“你們不信，元妃還和我説是‘榮華易盡，須要退步抽身’”。

分骨肉

一帆風雨路三千，把骨肉家園，齊來拋閃。

恐哭損殘年。

告爹娘，休把兒懸念：

自古窮通皆有定，離合豈無緣？

從今分兩地，各自保平安。

奴去也，莫牽連。

注釋：

窮通：窮，道路的盡頭，指無路可走；通，有路可行；窮通，指人事的走頭無路或順利走運。

樂中悲

襁褓中，父母嘆雙亡。縱居那綺羅叢，誰知嬌養？幸生來，英豪濶大寬宏量，從未將兒女私情，咯縈心上。好一似，霽月光風耀玉堂。厮配得才貌仙郎，博得個地久天長。準折得幼年時坎坷形狀。終久是雲散高唐，水涸湘江；這是塵寰中消長數應當，何必枉悲傷？

注釋：

綺羅叢：　在有花色的絲織品中，紋稀者爲羅綫細者爲綺；

綺和羅都是富貴人家用的衣料，故用它代指富貴人家。叢，喻其多。

英豪濶大：英，超人的才德，《淮南子.秦族》："智過萬人者爲英。"

豪放不羈；英豪，超人的豪邁；濶大，又作濶達，豁達，性格開朗大方。

縈：纏繞。

霽月句：霽，雨停；霽月，晴後的明月；光風，雨後日出使草木映滿陽光。

一般用霽月光風形容人胸懷磊落；耀玉堂，這裏是説，雲的胸懷有如雨後日月光輝照亮白玉堂那樣光明磊落。

厮配句：厮，相，厮配；才貌仙郎，《紅樓夢》第一百零六回："姑爺長得很好，爲人又和平。我們見過幾次，看來和這裏的寶二爺差不多兒，還聽見説，文才也好。"

準折句：準折，頂得上，彌補；坎坷形狀，這裏指生活艱難。

雲散高唐：高唐，戰國時楚臺觀名，在雲夢澤中，宋玉《高唐賦》中寫：楚襄王曾游高唐，夢中有仙女和他相會，仙女走時對襄王説：“妾在巫山之陽，商邱之陰，旦爲朝雲，暮爲行雨，朝朝暮暮，陽臺之下。”後遂以巫山雲雨，高唐雲雨等詞喻男女夫妻之情，這裏的“雲散高唐”指夫妻情事的消失，寓湘雲丈夫早死。

水涸湘江：湘江，隱湘雲的“湘”字；涸，水枯乾；似指湘雲隨家勢衰敗而窮困。

這是塵寰句：塵寰，人世間；消長，指陰陽二氣的變化，《紅樓夢》第三十一回：史湘雲説：“天地間都賦陰陽二氣所生，或正或邪，或奇或怪，千變萬化，都是陰陽順逆……陽盡了，就是陰，陰盡了，就是陽。”數，必然性。

世難容

氣質美如蘭，才華馥叱仙。天生成孤癖人皆罕。你道是啖肉食腥膻，視綺羅俗厭；欲不知好高人愈妒，過潔世同嫌。可嘆這，青燈古殿人將老，孤負了，紅粉朱樓春色闌！到頭來，依舊是風塵骯臟違心願，好一似，無瑕白玉遭泥陷；又何須，王孫公子嘆無緣？

喜冤家

中山狼，無情獸。全不念當日根由。一味的驕奢淫蕩貪歡媾。覷着那，侯門艷質同蒲柳；作踐的，公府千金似下流。嘆芳魂艷魄，一載蕩悠悠。

注釋：

全不念句：指買府當年對孫家有好處。《紅樓夢》第七十九回：“雖是世交，不過是他祖父當日希慕寧榮之勢，有不能了結之事，挽拜在門下的……。”

蕩悠悠：飄忽不定，這裏指靈魂無所依托。

虛花悟

將那三春看破，桃紅柳綠待如何？

把這韶華打滅，覓那清淡天和。

説什麽天上天桃盛，雲中杏蕊多？

到頭來，誰見把秋捱過？

則看那，白楊村裏人嗚咽，

青楓林下鬼吟哦。

更兼着，連天衰草遮墳墓，

這的是，昨貧今富人勞碌，

春榮秋謝花折磨。

似這般，生關死劫誰能躲？

聞説道，西方寶樹唤婆娑。

上結着長生果。

注釋：

三春看破：三春，雙關語，字面上是看破了暮春時節好景不長，寓意是從元，迎，探三春的遭遇上看破了現實生活中好景不長。

韶華：韶，美好；華，年華；韶華，美麗的青春。

清淡天和：清淡，清心寡欲；天和，事物的順從自然規律生長。

白楊村：指墳墓，古時墓地多植白楊。

青楓：迷信説法，鬼在夜間出没，夜色暗，所以説青楓。杜甫《夢李白》詩：“魂來楓林青，魂返關塞黑。”

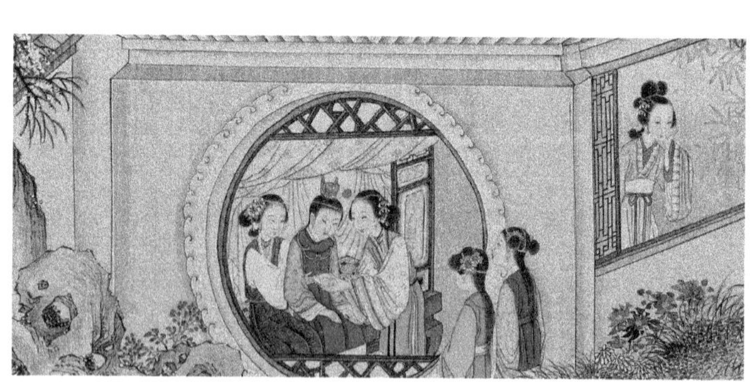

聰明累

機關算盡太聰明，反算了卿卿性命！生前心已碎，死後性空靈。家富人寧；終有個，家亡人散各奔騰。枉費不意懸懸半世心，好一似，蕩悠悠三更夢，忽喇喇似大厦傾，昏慘慘似燈將盡。呀！一場歡喜忽悲辛。嘆人世，終難定！

注釋：

機關：心眼，這裏指封建地主階級的權術和詭計；宋黃庭堅詩：“長安多少名利客，機關用盡不如君。”

意懸懸：心情忐忑不安，提心吊膽。

留餘庆

留餘庆，留餘庆，忽遇恩人；幸娘親，幸娘親，積得陰功。勸人生，濟困扶窮。休似俺那愛銀錢，忘骨肉的狠舅奸兄！正是乘除加減，上有蒼穹。

注釋：

餘庆：迷信説法，因前輩的善行而使後人得到某人的好處叫餘庆。《易經》：“積善之家，必有餘庆。”按：餘庆指何事，原書中不詳。高鶚續書，指因鳳姐周濟劉佬佬積下善功，使巧姐免於被拐賣。

恩人：原書指誰不詳，高鶚續書指劉佬佬。

陰功：迷信説法，人世爲陰間，鬼魂所居爲陰間，人有善行，陰間記上功勞，詔之陰功。

狠舅奸兄：據高鶚續書：狠舅，指王仁；奸兄，指賈薑。

正是二句：乘除加減，算術的基本運算方法，這裏指上天賞善罰惡計算分毫不差；蒼穹，天，這裏指掌管善惡的神靈。

晚韶華

鏡裏恩情，更那堪夢裏功名！那美韶華去之何迅！再休提繡帳鴛衾。只這戴珠冠，披鳳襖，也抵不了無常性命。雖説是，人生莫受老來貧，也須要陰隲積兒孫。氣昂昂，頭戴簪纓，光燦燦，胸懸金印，威赫赫，爵祿高登，——昏慘慘，黃泉路近！問古來將相可還存？也只是虛名兒後人欽敬。

注釋：

鏡裏恩情：恩情，指夫妻間的感情。李紈早寡，故説這種感情如鏡裏影子般的空虛。

夢裏功名：據下文"戴簪纓"，"懸金印"，似指賈蘭"爵位高登，"而高鶚續書只説"賈蘭中了第一百三十名舉人。"又據"昏慘慘，黃泉路近"句，似指賈蘭在"爵位高登"後不久即死去，最終導致賈府的徹底敗亡，這才與"夢裏功名"。"也須陰隲積兒孫"相合。

高鶚續書與本曲所寫不符。

陰隲：《尚書，洪範》："惟天陰隲下民，相協厥居。"原意爲吉凶禍福默默之中由上天決定。後引伸爲積陰功，這裏即用此義。

昏慘慘二句：黃泉路即陰間路。

按：從"威赫赫"突然一轉，寫出個"昏慘慘"的現象，可能是賈蘭做高官不久，即發生變化，家勢衰敗得不可收拾，使李紈的希望成了泡影，故其判詞才説"如冰水好空相妒，枉與他人作笑談。"否則，賈蘭的官一味地"威赫赫"下去，賈家怎麽能"好一似食盡鳥投林，落了片白茫茫大地真乾淨"的結局呢？高鶚續書來了個"蘭桂齊芳"的結尾，違背了曹雪芹的原意。

好事終

畫梁春盡落香塵。擅風情，秉月貌，便是敗家的根本。箕裘頹墮皆從敬，家事消凶首罪寧。宿孽總因情！

注釋：

畫梁句：畫梁，彩繪的房梁，全句指春可卿縊死事。

擅風情：專擅男女情事。

箕裘句：《禮記，學記》"良治之子，必學爲裘，良弓之子，必學爲箕。"若引伸爲繼承祖業的意思。皆從敬，指從賈敬開始。

飛鳥各投林

爲官的，家業雕零；富貴的，金銀散盡；有恩的，死裏逃生；無情的，分明報應；欠命的，命已還；欠淚的，淚已盡；冤冤相報自非輕，分離聚合皆前定。欲知命短問前生，老來富貴也真繞幸。看破的，遁入空門；痴迷的，枉送了性命。——好一似食盡鳥投林，落了片白茫茫大地真乾净！

* 第8回　　　　　# 嘲頑石詩

女媧煉石已荒唐，又向荒唐演大荒。失去本來真面目，幻來新就臭皮囊。好知運敗金無彩，堪嘆時乖玉不光。白骨如山忘姓氏，無非公子與紅妝。

注釋：

演大荒：大荒，神話裏傳説的山名。《山海經》："大荒之中，有山名曰大荒之山。"演大荒，即演繹大荒山石頭的故事。

題寧府·園林景色

黃花滿地，白柳橫坡。小橋通若耶之溪，曲徑接天臺之路。石中清流
滴滴，籬落飄香；樹頭紅葉翩翩，疏林如畫。西風乍緊，猶聽鶯啼；暖
日常喧，又添蜇語。逢望東南，建幾處依山之榭，近觀西北，結三間
臨水之軒，笙簧盈座，別有幽情，羅綺穿林，倍添韻致。

大觀園題咏

賈元春：題大觀園

銜山抱水建來精，多少工夫築始成！

天上人間諸景備，芳園應錫“大觀”名。

賈迎春：曠性怡情

園成景物特精奇，奉命羞題額曠怡。

誰信世間有此境，游來寧不暢神思？

賈探春：題文采風流

秀水明山抱復回，風流文采勝蓬萊。

綠裁歌扇迷芳草，紅府湘裙舞落梅。

珠玉自應傳盛世，神仙何幸下瑤臺！

名園一自邀游賞，未許凡人到此來。

注釋：

抱復回：抱，環抱；復，又；回，縈回；抱復回，即曲折縈廻。

風流句：風流，原指人的品格瀟灑風流，這裏指大觀園構造的幽雅風
格；文采，文，花紋；采，色彩，這裏指大觀園五光十色的風光。

蓬萊：傳説中的仙境。

賈惜春：題文章造化

山水橫拖千裏外，樓臺高起五雲中。
園修日月光輝裏，景奪文章造化功。

注釋：
橫拖：橫，旁出；拖，延伸。
五雲：五色雲。
景奪句：奪，奪取；文章，錯雜相同的顏色。這裏指園林復雜而有規律的結構；造化，造物主；功，創造力。

李紈：題萬象爭輝

各園築就勢巍巍，奉命多漸學淺微。
精妙一時言不盡，果然萬物有光輝。

薛寶釵：凝暉鍾瑞

芳園築向帝城西，華日祥雲籠罩奇。
高柳垚遷鶯出谷，修篁時待鳳來儀。
文風已若宸游夕，孝化應隆歸省時。
睿藻仙才瞻仰處，自漸何敢再爲辭？

注釋：
帝城：皇帝居住的地方，一般指京城，這裏指紫禁城。
鳳來儀：即鳳凰降臨之意。封建時代把帝後比做龍鳳，這裏用鳳來儀喻元春的到來。
文風：狹義指文化風氣，廣義的包括典章制度在內。
孝化：善事父母爲孝，封建統治階級用以孝悌爲核心來規範老人們的思想行爲叫孝化。
宸：天帝住的地方叫"宸極"，因稱帝王所居爲宸，這裏又指元春。
睿藻仙才：睿，聰明通達；藻，辭藻；睿藻特指帝後的文章，這裏指元春題大觀園詩；仙才，這裏是恭維元春有超人的才華。

林黛玉：題世外桃源

宸游增悦豫，仙境別紅塵。
借得山川秀，添來氣象新。
香融香谷酒，花媚玉堂人。
何幸邀恩寵，宮車過往頻。

注釋：

悦豫：悦，高興；豫，和樂；悦豫，心情愉快。
金谷：水名，晋代石崇建別廬於此，稱金谷園。
玉堂：即白玉堂，這裏泛指宮殿。
宮車：帝後所乘之車。

賈寶玉：咏有鳳來儀

秀玉初成實，堪宜待鳳凰。
竿竿青欲滴，個個綠生涼。
迸砌防階水，穿簾礙鼎香。
莫搖分碎影，好夢正初長。

注釋：

秀玉：秀，特別美好；玉，綠玉，竹子別名。
實：指竹子的果實，傳說鳳凰專食竹實。
迸砌防階水：砌，石砌的井階，臺階，這裏指穿竹繞階的泉水，流過
石臺。
鼎：這裏是用以焚香。

賈寶玉：咏蘅芷清芬

蘅蕪滿静苑，蘿薜助芬芳。

軟府三春草，柔拖一縷香。

輕烟迷曲經，冷翠濕衣裳。

誰謂“池塘”曲，謝家幽夢長。

注釋：

蘅蕪：蘅，杜蘅，香草；蕪，草的通稱；蘅蕪，泛指杜蘅一類的香草。

蘿薜：蘿，女蘿；薜，薜荔。這裏指用女蘿薜荔概指蘅蕪院中的花草。

誰謂“池塘”曲二句：據《南史．謝靈運傳》：謝惠連是謝靈運的族弟，很有文采。謝靈運有一次寫詩，整天未成，夜見忽然夢見謝惠連，“便得池塘生春草”之句，大以爲工。

賈寶玉：咏怡紅快緑

深庭長日静，兩兩出嬋娟。

緑臘春猶卷，紅妝夜未眠。

憑欄垂絳袖，倚石護清烟。

對立東風裏，主人應解憐。

注釋：

嬋娟：顔色，姿態美好，這裏爲花的代稱。

緑臘：指芭蕉。

紅妝：多指年輕的女性，這裏爲花的代稱。

絳袖：絳，大紅色；袖，衣袖。這裏爲低垂的花朵，有如下垂的紅色衣袖。

林黛玉：代擬杏簾在望

杏簾指客飲，在望有山庄。
菱荇鵝兒水，桑榆燕子梁。
一畦春韭熟，十裏稻花香。
盛世無饑餒，何須耕織忙。

注釋：
杏簾：布幌；酒簾多用杏黃色，故稱杏簾。
菱荇：菱，菱角；荇，荇菜，一種浮萍的水草。
畦：有土埂固着的小田塊。

*第21回　　林黛玉：書賈寶玉續胠篋文後

無端弄筆是何人？剿襲"南華"庄子文。
不悔自家無見識，却將醜語詆他人！

*第22回　　賈寶玉：參禪偈

你證我證，心證意證。
是無有證，斯可雲證。
無可雲證，是立足境。

注釋：
證：佛教禪宗主張不主文字，只憑意會，以"明心見性，立地成佛爲""超凡入聖"的最簡便的修行方法。其特點是不主張讀書明理，而只憑空想，求所設大徹大悟。
立足境：佛教所謂安身立命之處。

＊第 22 回　　　**賈寶玉：寄生草參禪**

無我原非你，從他不解伊。

肆行無礙憑來去。茫茫着甚悲愁喜？

紛紛説甚親疏密？從前碌碌却因何？

到如今，回頭試想真無趣！

注釋：

伊：第三人稱代詞。

着：同“著”，附加，這裏是説産生感情。

＊第 23 回　　　**賈寶玉：四時即事詩**

春夜即景

霞綃雲幄任鋪陳，隔卷蛙聲聽未真。

枕上輕寒窗外雨，眼前春色夢中人。

盈盈燭淚困誰泣，點點花愁爲我嗔。

自是小鬟嬌懶慣，擁衾不耐笑言頻。

注釋：

霞綃雲幄：幄，四合形的帳子；綃，一種輕軟的絲織品；

霞，紅色霞光，形容綃的顔色；雲，形容綃幄的輕柔。

輕寒：微微的寒意。

小鬟：鬟，中國古代少女髮型的一種，成“丫”形，所以稱俾女爲丫鬟。

小鬟，即年齡小的丫鬟。

夏夜即事

倦繡佳人幽夢長，金籠鸚鵡喚茶湯。
窗明麝月開宮鏡，室靄檀雲品御香。
琥珀杯傾荷露滑，玻璃檻納柳風涼。
水亭處處齊紈動，簾卷朱樓罷晚妝。

注釋：

幽夢：睡得很酣甜。

茶湯：熱茶水。

麝月開宮鏡：麝月，月亮；宮鏡，宮廷用的鏡子，這裏指窗戶被月光照亮，仿佛天上打開宮鏡。

檀雲品御香：檀雲，檀香烟霧；品，仔細嗅聞御香，宮廷中所用之香。

玻璃：這裏説的玻璃是指形似水晶的一種礦物，與現代的玻璃不同。

按：二，三，四，五句分別嵌鸚鵡，麝月，檀雲，玻璃四個丫鬟。

齊紈：紈，細絹，古代齊國的紈最好，故稱齊紈。這裏的齊紈是"團扇"的代稱。

秋夜即事

絳蕓軒裏絕喧華，桂魄流光浸茜紗。
苔鎖石紋容睡鶴，片飄桐露濕栖鴉。
抱衾婢至舒金鳳，侍檻人歸落翠花。
静夜不眠因酒渴，沉烟重撥索烹茶。

注釋：

絳蕓軒：是寶玉未進大觀園前爲自已臥室取的名字，并非怡紅院中房間。但後來仍多次借用。

桂魄：月的代稱。魄；月初升時的微光。

流光：光彩映輝。

井：這裏是天井。

抱衾句：舒，打開；金鳳，被面上的金色鳳凰圖案。

倚檻句：倚檻，倚着欄杆；翠花，綠色的玉石花，是舊社會剝削階級婦女頭上用的裝飾品；落，卸下。

冬夜即事

梅魂竹夢已三更，錦罽鸘衾睡未成。

松影一庭惟見鶴，梨花滿地不聞鶯。

女奴翠袖詩懷冷，公子金貂酒力輕。

却喜侍完知試茗，掃將新雪及時烹。

注釋：

錦罽鸘衾：罽，毛毯之類毛織品，錦罽，是錦面毛毯類的東西；鸘，水鳥名，鸘毛絮的被類似今天的鴨絨被。一說是鸘毛織的被。

梨花：這裏指雪。唐岑參《白雪歌》："忽如一夜春風來，千樹萬樹梨花開。"

翠袖：翠，深綠色的羽毛，多用形容寒冷狀態，如冷玉爲翠玉，寒袖爲翠袖。

茗：茶樹的嫩芽。

掃將句：過去認爲雪水潔静，煮茶喝味道清淳。

*第 25 回   # 咏癩頭和尚

鼻如懸膽兩眉長，目似明星有寶光；

破衲芒鞋無住迹，腌臜更有一頭瘡。

咏跛足道人

一足高來一足低，渾身帶水又拖泥；

相逢若問家何處，却在篷萊弱水西。

賈政便向寶玉項上取下那塊玉來，遞與他二人。那和尚擎在掌上，長嘆一聲，道："青埂峰下，別來十三載矣！人世光陰迅速，塵緣未斷，奈何奈何！"

可羨你當日那段好處：

天不構兮地不羈，心頭無喜亦無悲；
只因鍛煉通靈後，便向人間惹是非。
可惜今日這番經歷呵：
粉漬脂痕污寶光，房櫳日夜困鴛鴦；
沉酣一夢終須醒，冤債償清好散場。

* 第 26 回　　原來這黛玉秉絕代之姿容，具稀世之俊美，不期這一哭，那些附近的柳枝花朵上宿鳥栖鴉，一聞此聲俱"忒楞楞"飛起遠避，不忍再聽，正是：花魂點點無情緒，鳥夢痴痴何處驚。因又有一首詩道：

顰兒才貌世應稀，獨抱幽芳出繡闈；
嗚咽一聲猶未了，落花滿地鳥驚飛。

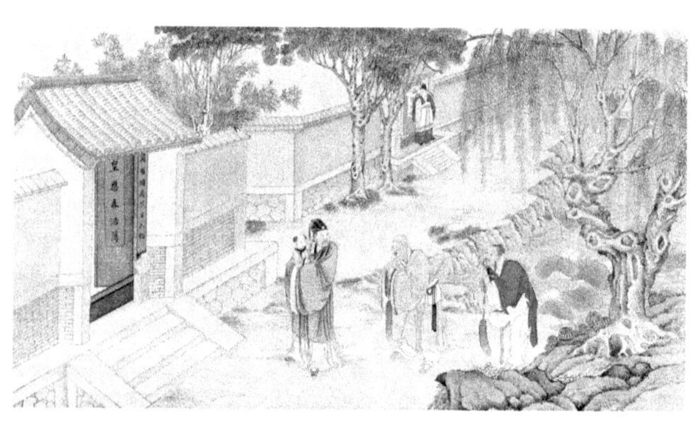

第 27 回

林黛玉：葬花辭

花謝花飛飛滿天，紅消香斷有誰憐？
游絲軟系飄春樹，落絮輕沾撲繡簾。
閨中女兒惜春暮，愁緒滿懷無着處；
手把花鋤出繡簾，忍踏落花來復去？
柳絲榆莢自芳菲，不管桃飄與李飛；
桃李明年能再發，明年閨中知有誰？
三月香巢初壘成，梁間燕子太無情！
明年花發雖可啄，却不道人去梁空巢已傾。
一年三百六十日，風刀霜劍嚴相逼；
明媚鮮妍能幾時，一朝飄泊難尋覓。
花開易見落難尋，階前愁殺葬花人；
獨把花鋤偷灑淚，灑上空枝見血痕。
杜鵑無語正黃昏，荷鋤歸去掩重門；
青燈照壁人初睡，冷雨敲窗被未温。
怪儂底事倍傷神？半爲憐春半惱春；
憐春忽至惱忽去，至又無言去不聞。
昨宵庭外悲歌發，知是花魂與鳥魂？
花魂鳥魂總難留，鳥自無言花自羞；
願儂此日生雙翼，隨花飛到天盡頭。
天盡頭！何處有香丘？
未若錦囊收艷骨，一壞净土掩風流；
質本潔來還潔去，不教污淖陷渠溝。
爾今死去儂收葬，未卜儂身何日喪？
儂今葬花人笑痴，他年葬儂知是誰？
試看春殘花漸落，便是紅顏老死時，
——一朝春盡紅顏老，花落人亡兩不知！

注釋：

落絮：飄落的柳花。絮，棉花；柳花輕柔似棉，故稱柳絮。

春暮：春晚。暮，日將落爲暮，這裏指春天臨近完結的時候。

無着處：沒有寄托感情的地方，着，憑依，寄托。

芳菲：芳香。《離騷》："芳菲菲稱彌香"。

杜鵑：鳥名。《成都記》："杜宇死，其魂化爲鳥名曰杜鵑。"傳説
杜鵑聲悲，啼血。

重門：一層層的門　。

香丘：丘，墳，冢。因花香故稱葬花的墳爲香丘。

一壞净土：壞，土丘。《説文》："壞，丘再成者也"。一壞净土，一
堆干净土。

污淖：污，臭水；淖，爛泥，二者皆臟物，在本詩中用作動詞，即不
教花兒污穢。

＊第34回　　　　　　　<h1 style="text-align:center">林黛玉：題帕詩</h1>

其一

眼空蓄泪泪空垂，暗灑閑抛更向誰？

尺幅鮫綃勞惠贈，爲君那得不傷悲！

其二

抛珠滚玉只偷潸，鎮日無心鎮日閑；

枕上袖邊難拂拭，任他點點與斑斑。

其三

彩綫難收面上珠，湘江舊迹已模糊；

窗前亦有千竿竹，不識香痕漬也無？

注釋：

更向誰：更，豈，難道；向，向着。

鮫綃：一種珍貴的絲織品，這裏指手絹。

拋珠句：珠，珍珠；玉，玉石；這裏是説淚珠象珠粒，也象玉石；潸，淚水輕輕流淌。

鎮日：整天。

湘江句：指傳說中的娥室。女英淚灑斑竹，沉水爲湘神的故事；舊迹，指湘妃竹上的斑痕。

第 37 回

白海棠詩

賈探春：咏白海棠

斜陽寒草帶重門，苔翠盈鋪雨後盆。
玉是精神難比潔，雪爲肌骨易銷魂。
芳心一點嬌無力，倩影三更月有痕。
莫道縞仙能羽化，多情伴我咏黄昏。

注釋：

苔翠：苔，蒼苔，翠，深緑色。

倩影：倩，美；倩影，美好的形象。

縞仙羽化：縞，白色絲絹；縞仙，白衣仙子；羽化，道家稱飛升變化，成仙得道爲羽化。

薛寶釵：咏白海棠

珍重芳姿畫掩門，自携手瓮灌苔盆。
胭脂洗出秋階影，冰雪招來露砌魂。
淡極始知花更艷，愁多焉得玉無痕？
欲償白帝宜清潔，不語婷停日又昏。

注釋：

手瓮：手提的水罐。

白帝：神話傳説中西方主管秋事的神。

婷婷：美好，多用于形容女性站立時的姿態。

賈寶玉：咏白海棠

秋容淺淡映重門，七節攢成雪滿盆。

出浴太真冰作影，捧心西子玉爲魂。

曉風不散愁千點，宿雨還添泪一痕。

獨倚畫欄如有意，清砧怨笛送黃昏。

注釋：

秋容：秋天的景色，這裏指秋花，即白海棠。

砧：搥衣石，這裏指搥衣的聲音。

林黛玉：咏白海棠

半卷湘簾半掩門，碾冰爲土玉爲盆。

偷來梨蕊三分白，借得梅花一縷魂。

月窟仙人縫縞袂，秋閨怨女拭啼痕。

嬌羞默默同誰訴？倦倚西風夜已昏。

史湘雲：咏白海棠

其一

神仙昨日降都門，種得藍田玉一盆。

自是霜娥偏愛冷，非關倩女欲離魂。

秋陰捧出何方雪？雨漬添來隔宿痕。

却喜詩人吟不倦，肯令寂寞度朝昏？

其二

蘅芷階通蘿薜門，也宜墙角也宜盆。

花因喜潔難尋偶，人爲悲秋易斷魂。

玉燭滴乾風裏淚，晶簾隔破月中痕。

幽情欲向嫦娥訴，無那虛廊月色昏。

注釋：

霜娥：神話中司冰霜的女神，亦稱青娥或青女。

倩女離魂：唐陳玄祐《離魂記》，叙張倩娘與王宙相愛，後王宙固故遠行，倩娘不能同去，但她的魂魄離開軀體，幻化成她的形象，和王宙共同起居數年之久。

秋陰：深秋時節。

蘅芷句：蘅芷都是草木植物，蘅花紫花，芷花白花，蘿薜，蔓生常綠植物。

無那：無奈。

*第 38 回 　　　　　　　　　# 菊花詩

薛寶釵：憶菊

恨望西風抱悶思，蓼紅葦白斷腸時。
空籬舊圃秋無迹，冷月清霜夢有知。
念念心隨歸雁遠，寥寥坐聽晚砧遲。
誰憐我爲黃花瘦，慰語重陽會有期。

注釋：

蓼紅句：蓼，水蓼；葦，蘆葦；斷腸，形容怨痛的强烈。

圃：原爲菜園，這裏指種花的池苑。

寥寥句：寥寥，空虛，稀少。

賈寶玉：訪菊

閑趁霜晴試一游，酒杯藥盏莫淹留。
霜前月下誰家種？檻外籬邊何處秋？
蠟屐遠來情得得，冷吟不盡興悠悠。
黃花若解憐詩客，休負今朝挂杖頭。

注釋：

淹留：久留。

臘屐：屐，下有兩齒的走泥濘道路的木底鞋臘屐，在鞋上塗臘，做保護層。這裏是借用。意爲準備好走遠道耐用的鞋。

得得：特意的意思，唐人的方言，猶特意也。

挂扙頭：意爲用錢沽酒。《晋書》："阮修嘗步行以百錢挂丈頭，至酒肆，便獨酣暢。"

賈寶玉：種菊

携鋤秋圃自移來，籬畔庭前處處栽。
昨夜不期經雨活，今朝猶喜帶霜開。
冷吟秋色詩千首，醉酹寒香酒一杯。
泉漑泥封勤護惜，好和井徑絶塵埃。

注釋：

寒香：本是菊花散放的清冷香起，這裏用它代稱菊花。

井徑：井，田地；徑，小路；井徑，田間小道。這裏指世俗的人生道路。

史湘雲：對菊

別圃移來貴比金，一叢淺淡一叢深。
蕭疏籬畔科頭坐，清冷香中抱膝吟。
數去更去君傲世，看來唯有我知音！
秋光荏苒休孤負，相對原宜惜寸陰。

注釋：

科頭：光着頭。

清冷句：清冷香，指菊花香；抱膝吟，抱膝吟詩，表示悠閑舒暢。

 孤負：辜負。

史湘雲：供菊

彈琴酌酒喜堪儔，幾案婷婷點綴幽。
隔坐香分三徑露，拋書人對一枝秋。
霜清紙帳來新夢，圃冷斜陽憶舊遊。
傲世也因同氣味，春風桃李末淹留。

註釋：

堪儔：堪，勝任，引伸為可以；

儔，并列；堪儔，謂賞菊可以和彈琴，酌酒并列，都是很高興的事。

三經露：三經，這裏指院裏的甬道：露，院裏的露水。

一枝秋：秋，指菊花。

紙帳：一種用紙做的睡帳。

林黛玉：咏菊

無賴詩魔昏曉侵，繞籬欹石自沉音。
毫端蘊秀臨霜寫，口角噙香對月吟。
滿紙自憐題素怨，片言誰解訴秋心？
一從陶令評章後，千古高風説到今。

注釋：

詩魔：詩人把不可遏止的創作要求比做誘惑折磨人的妖魔。

白居易詩："惟有詩魔降未得，每逢風月一閑吟。"

沉音：即沉吟，邊思索邊緩慢地低聲吟誦。

毫端：筆尖；霜，指白紙。

題素怨：題寫出；素，平素；素怨，平時的怨憤。

陶令評章：陶令，即晋代詩人陶潛，曾做彭澤縣令，故稱陶令；評章，即
評論。此指陶潛《和郭主簿》詩："芳菊開林耀，青松冠岩列。懷此
貞秀姿，卓爲霜下杰。"這是最早贊美菊花的詩。

薛寶釵：畫菊

詩餘戲筆不知狂，豈是丹青費較量？
聚葉潑成千點墨，攢花染出幾痕霜。
淡濃神會風前影，跳脱秋生腕底香。
莫認東籬閑采掇，粘屏聊以慰重陽。

注釋：
千點墨：指用墨畫成的墨菊。
神會：神，思維；會，相會；神會，指用思想體會出客觀事物的本質。
跳脱：繪畫時，筆鋒的跳動靈活。
掇：拾取。

林黛玉：問菊

欲訊秋情衆莫知，喃喃負手扣東籬。
孤標傲世偕清隱？一樣開花爲底遲？
圃露庭霜何寂寞？雁歸蛩病可相思？
莫言舉世無談者，解語何妨話片時。

注釋：
喃喃：不斷地低聲説話。
扣：同叩；叩問，詢問。
爲底遲：爲何遲。
蛩病：蛩，蟋蟀；病，指深秋蟋蟀凄苦的啼聲。

賈探春：簪菊

瓶供籬栽日日忙，折來休認鏡中妝。
長安公子因花癖，彭澤先生是酒狂。
短鬢冷沾三徑露，葛巾香染九秋霜。
高情不入時人眼，拍手憑他笑路旁。

注釋：

簪菊：簪，插；簪菊，把菊花插在頭上。

長安公子：即唐儀詩人杜牧。

彭澤先生：陶潛。

葛巾：用葛布做的頭巾。

九秋：秋天，三個月九十天，故稱三秋或九秋。

史湘雲：菊影

秋光疊疊復重重，潛度偷移三徑中。

窗隔疏燈描遠近，籬篩破月鎖玲瓏。

寒芳留照魂應駐，霜印傳神夢也空。

珍重暗香踏碎處，憑誰醉眼認朦朧。

注釋：

籬篩：編織籬笆的空隙。

暗香：幽微的香氣。

林黛玉：菊夢

籬畔秋酣一覺清，和雲伴月不分明。

登仙非慕莊生蝶，憶舊還尋陶令盟。

睡去依依隨雁斷，驚迴故故惱蛩鳴。

醒時幽怨同誰訴，衰草寒烟無限情。

注釋：

秋酣：秋色濃重。

莊生：即莊周。戰國時的思想家。

賈探春：殘菊

露凝霜重漸傾欹，宴賞才過小雪時。

蒂有餘香金淡泊，枝無全葉翠離披。

半床落月蛩聲徹，萬裏寒雲雁陣遲。

明歲秋分知再會，暫時分手莫相思！

注釋：

傾欹：欹，不正，傾欹，傾斜。

金淡泊：金，金黃色菊花；淡泊，消褪。

翠離披：翠，指花瓣顏色，即深綠的葉片；離披，四散分開。

第 38 回

持螯賞桂詩

賈寶玉

持螯更喜桂陰涼，潑醋擂姜興欲狂。

饕餮王孫應有酒，橫行公子竟無腸！

臍間秋冷饞忘忌，指上沾腥洗尚香。

原爲世人美口腹，坡仙曾笑一生忙。

林黛玉

鐵甲長戈死未怨，堆盤色相喜先嘗。

螯封嫩玉雙雙滿，殼凸紅脂塊塊香。

多閃更憐卿八足，助情誰勸我千觴？

對茲佳品酬佳節，桂拂清風菊帶霜。

薛寶釵

桂靄桐明坐舉觴，長安涎口盼重陽。

眼前道路無經緯，皮裏春秋空黑黃！

酒未滌腥還用菊，性防積冷定須姜。

于今落釜成何益？月浦空餘禾黍香。

　　　　**林黛玉：代別離.秋窗風雨夕
（擬 "春江花月夜" 格）**

秋花慘淡秋草黃，耿耿秋燈秋夜長；

已覺秋窗秋不盡，那堪風雨助淒凉！

助秋風雨來何速？驚破秋窗秋夢續；

抱得秋情不忍眠，自向秋屏桃淚燭。

淚燭搖搖爇短檠，牽愁照恨動離情；

誰家秋院無風入？何處秋窗無雨聲？

羅衾不耐秋風力，殘漏聲催秋雨急；

連霄脉脉復颼颼，燈前似伴離人泣。

寒烟小院轉蕭條，疏竹虛窗時滴瀝；

不知風雨幾時休，已教淚灑窗紗濕。

注釋：

耿耿：這裏指燈的亮光。

秋屏：秋天的屏風。

羅衾：絲織的被褥。

脉脉復颼颼：脉脉，這裏指細雨連綿不斷；復，又；颼颼，凉風的聲音。

寒烟：情冷的霧氣。

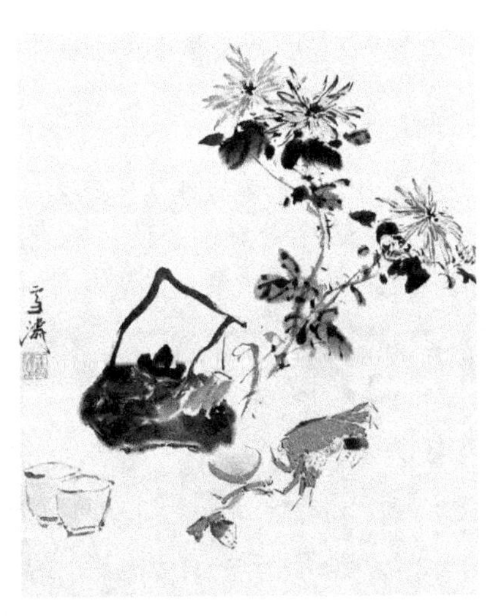

第 48 回

香菱：咏月詩

月桂中天夜色寒，清光皎皎影團團。
詩人助興常思玩，野客添愁不忍觀。
翡翠樓邊懸玉鏡，珍珠簾外挂冰盤。
良宵何用燒銀燭，晴彩輝煌映畫欄。

黛玉笑道："意思都有，只是措詞不雅；皆因你看的詩少，被他縛住了。把這首詩丟開，再做一首。只管放開膽子去做。"

非銀非水映窗寒，試看晴空護玉盤。
淡淡梅花香欲染，絲絲柳帶露初千。
只疑殘粉塗金砌，恍若輕霜抹玉欄。
夢醒西樓人迹絕，餘容猶可隔簾看。

寶釵笑道："不象吟月了，月字底下添一個"色"字，倒還使得。你看句句倒象是月色。——也罷了，原是詩從胡説來，再遲幾天就好了。"

第 49 回

精華欲掩料應難，影自娟娟魄自寒。
一片砧敲千裏白，半輪雞唱五更殘。
綠蓑江上秋聞笛，紅袖樓頭夜倚欄。
博得嫦娥應自問：何緣不使永團圞？

衆人看了，笑道："這首不但好，而且新巧有意趣。可知俗語説：'天下無難事，只怕有心人'。社裏一定請你了！"香菱聽了，心下不信，料着是他們哄自己的話，還只管問黛玉寶釵等。

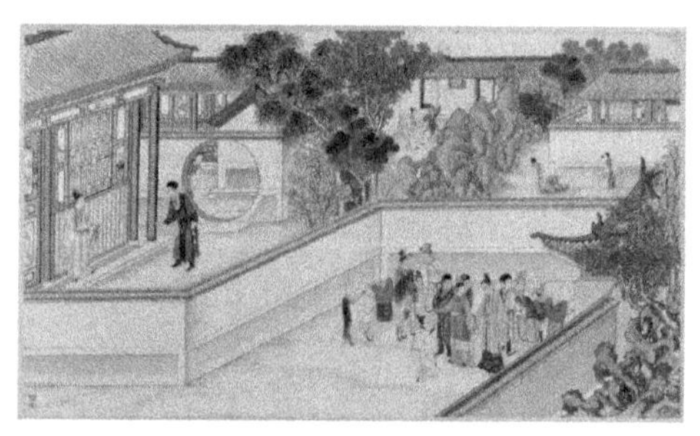

鳳姐：一夜北風緊。

李紈：開門雪尚飄。入泥憐潔白，

香菱：匝地惜瓊瑤。有意榮枯草，

探春：無心飾萎苗。價高村釀熟，

李綺：年稔府梁饒。葭動灰飛管，

李紋：陽回鬥轉杓。寒山已失翠，

岫烟：凍浦不生潮。易挂疏枝柳，

湘雲：難堆破葉蕉。麝煤融寶鼎，

寶琴：綺袖籠金貂。光奪窗前鏡，

黛玉：香粘壁上椒。斜風仍故故，

寶玉：清夢轉聊聊，何處梅花笛？

寶釵：誰家碧玉簫。鰲愁坤軸陷，

湘雲：龍鬥陣雲銷。野岸回孤棹，

寶琴：吟鞭指灞橋。賜裘憐撫戍，

湘雲：加絮念徵徭。坳垤審夷險，

寶釵：枝柯怕動搖。皚皚輕趁步，

黛玉：剪剪舞隨腰。苦茗成新賞，

寶玉：孤松訂久要。泥鴻從印迹。

寶琴：林斧或聞樵。伏象千峰凸，

湘雲：盤蛇一徑遙。花緣徑冷結，

探春：色豈畏霜雕。深院驚寒雀，

岫烟：空山泣老鴞。階墀隨上下，

湘雲：池水任浮漂。照耀臨清曉，

黛玉：繽粉入永宵。誠忘三尺冷，

湘雲：瑞釋九重焦。僵臥誰相問，

寶琴：狂游客喜招。天機斷縞帶，

湘雲：海市失鮫綃。

黛玉：寂寞封臺榭，

湘雲：清貧懷簞瓢，

寶琴：烹茶水漸沸，

湘雲：煮酒葉難燒。

黛玉：沒帚山僧掃，

寶琴：埋琴稚子挑。

湘雲：石樓閑睡鶴，

黛玉：錦罽暖親描。

寶琴：月窟翻銀浪，

湘雲：霞城隱赤標。

黛玉：沁梅香可嚼，

寶釵：淋竹醉堪調，

寶琴：或濕鴛鴦帶，

湘雲：時凝翡翠翹。

黛玉：無風仍脉脉，

寶琴：不雨亦瀟瀟。

李紋：欲志今朝樂，

李綺：憑詩祝舜堯。

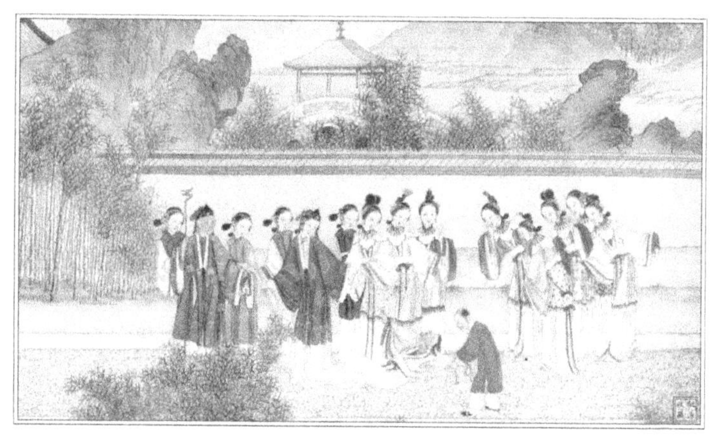

注釋：

匝地句：匝，環繞，這裏的意思是遍地；瓊瑤，美玉。

村釀：鄉村釀造的酒。

府梁饒：府，古時貯藏財物之處；這裏泛指糧食。饒，豐足。

葭動灰飛管：葭，蘆葦；古代以音樂中的律品與氣節相配，冬至相當于"黄鍾"；據説冬至時刻，節氣一動，"黄鍾"律管兩端的蘆葦灰就自動飛了，以此來調音和測定節氣。《太元經》："調律者，度竹爲管，蘆葦爲灰，列之九，閑之中，漠然無動，寂然無聲，微風不起，纖塵不形，冬至夜半，黄鍾以應。"

陽回鬥轉杓：陽，陽氣，古代認爲四時變化是陰陽消長的結果：夏至時，陽氣最盛，陰氣始生；冬至則陰氣到了頂點，陽氣開始升起。《漢書》："冬至陽氣起，君道長，故賀；夏至陰氣起，君道消，故不賀；"鬥，指北鬥七星的連接綫呈杓形；鬥轉杓，北鬥杓柄在冬至時轉到"子"的方位，即指向正北。

麝煤句：麝煤，即麝香煤，是一種很名貴的墨；寶鼎，貴重的鼎，這裏是指鼎形爐子。

壁上椒：漢代後妃住處以椒塗壁，稱爲椒房。

故故：屢屢，杜甫《月》詩："時時開暗室，故故滿青天。"這裏是説風一陣一陣吹來。

梅花笛：吹奏《梅花落》曲調的笛聲。宋郭茂倩《樂府詩集》："梅花落本笛中曲也。"這裏以梅花落曲譜暗示春天的來到。

碧玉簫：用碧玉裝飾的簫，這裏指簫聲。

鰲愁句：坤，古稱乾爲天，坤爲地，坤軸即地軸；《列子》："女媧氏斷鰲足以立四板。"大地駝以鰲背上。

龍鬥句：龍鬥，指白雪象天空玉龍相鬥撕落白色鱗片；陣雲，作戰時飛揚起來的塵埃，這裏指陰雲；銷，散，即天晴。

棹：船漿，這裏代指船。

灞橋：漢代橋名，《三輔黄圖》：灞橋在長安東，跨水作橋，漢人送客至此橋，折柳贈別。相國鄭綮善詩，或曰："相國近得新詩否？"對白："詩思王灞橋風雪中，驢子上。"這裏的"吟鞭指灞橋"指雪裏行吟事。

賜裘句：戍，指邊境士卒；徭，指服役的勞動者。

坳垤句：坳，枷交切，小水窪，垤，音迭，小土丘；審，仔細觀察；夷，這裏指平坦；險，這裏指難走。

枝柯：柯也是枝，枝柯即樹枝。

剪剪：冷風的尖利爲剪剪。

鴻：大雁。

樵：指砍柴的聲音。

鶚：一種猛禽。

階墀：墀，臺階的階梯爲階，階上的平坦處爲墀。

瑞釋句：瑞，指雪，即瑞雪；釋，解除；九重，原指天，舊說天有九重，後稱帝王住處爲九重，或代指封建君主；焦，心情煩燥。

這是一句歌功頌德的詩；瑞雪使皇帝解除了憂心。

縞帶：白色帶子。

清貧句：簞，竹編的盛物的圓形籃，簞瓢，即簞食瓢飲。

霞城句：霞城，即碧霞城，神話中仙人居住的地方；赤標，即赤城山峰，傳說赤城山中有一山峰，爲人世間最高的山峰。

翡翠翹：封建貴族婦女的首飾。

第 50 回　　　**紅梅詩**

邢岫烟：賦得紅梅花

桃未芳菲杏未紅，衝寒先喜笑東風。
魂飛庚嶺春難辨，霞隔羅浮夢未通。
綠萼添妝融寶炬，縞仙扶醉跨殘虹。
看來豈是尋常色，濃淡由他冰雪中。

注釋：

庚嶺：庚嶺以盛開梅花著稱，故又稱梅嶺。

羅浮夢：羅浮，山名，在廣東境內；夢，指趙師雄故事。《龍城録》："隋開皇中，趙師雄游羅浮。日暮，於林間酒肆旁捨見美人，淡妝素服出迎，師雄與談，言極清麗，芳氣襲人。與之扣酒家共飲，一綠衣童子歌舞於側。師雄醉臥久之，東方既白，起視，乃在大梅樹下，上有翠羽啾嘈，月落參橫，但惆悵而已。

綠萼句：綠萼，花朵下面的綠色托片；寶炬，貴重的臘燭。

李紋：賦得紅梅花

白梅懶賦賦紅梅，逞艷先迎醉眼開。
凍臉有痕皆是血，酸心無恨亦成灰。
誤吞丹藥移真骨，偷下瑤池脱舊胎。
江北江南春燦爛，寄言蜂蝶漫疑猜。

注釋：
誤吞丹藥：指常娥奔月事。

薛寶琴：賦得紅梅花

疏是枝條艷是花，春妝兒女竟奢華。
閑庭曲檻無餘雪，流水空山有落霞。
幽夢冷隨紅袖笛，游仙香泛絳河槎。
前身定是瑤臺種，無復相疑色相差。

注釋：
紅袖：代指年輕的女性。
絳河槎：絳，紅色；槎，木筏，這裏指神話中的仙槎。
前身：前世或前生。
色相：容貌，形象。

賈寶玉：訪妙玉乞紅梅

酒未開樽句未裁，尋春問臘到蓬萊。

不求大士瓶中露，爲乞霜娥檻外梅。

入世冷桃紅雪去，離塵香割紫雲來。

槎枒誰惜詩肩瘦，衣上猶沾佛院苔。

注釋：

佛教稱菩薩爲大士，此指妙玉。

孀娥：即青女。

槎枒句：槎枒，指梅花枝杈；詩肩瘦，似可解釋爲折來梅枝的詩人瘦弱。

第 52 回　　## 真真國女兒所作詩

昨夜朱樓夢，今宵水國吟。

島雲蒸大海，嵐氣接叢林。

月本無今古，情緣自淺深。

漢南春歷歷，焉得不關心。

注釋：

朱樓：封建時代豪門貴族以紅色飾樓，稱朱樓。

水國：國，區域；水國，水域或多水的地方，這裏指海。

嵐氣：山巒的霧氣。

緣：因爲。

漢南：漢，漢水；漢南，泛指漢水南岸一帶地方。

林黛玉：五美吟

1. 西施

一代傾城逐浪花，吳宮空自憶兒家。

效顰莫笑東村女，頭白溪邊尚浣紗。

2. 虞姬

腸斷烏啼夜嘯風，虞兮幽恨對重瞳；

黥彭甘受他年醢，飲劍何如楚帳中？

3. 明妃

絕艷驚人出漢宮，紅顏命薄古今同；

君王縱使輕顏色，予奪權何畀畫工？

注釋：

君王指漢元帝。

4. 綠珠

瓦礫明珠一例拋，何曾石尉重嬌嬈？

都緣頑福前生造，更有同歸慰寂寥。

注釋：同歸：指綠珠墜樓，石崇被殺，兩人同歸於盡。

5. 紅拂

長劍雄談態自殊，美人巨眼識窮途；

尸居餘氣楊公幕，豈得羈縻女丈夫？

注釋：

長劍句：指李靖，態自殊，神態與眾不同。

尸居句：尸居，空居真位而不主事；餘氣，腐朽沒落，奄奄一息；楊公，即

楊素；幕府，指大臣的府僚。

羈縻：系絆，束縛。

林黛玉：桃花行

桃花簾外東風軟，桃花簾內晨妝懶；
簾外桃花簾內人，人與桃花隔不遠；
東風有意揭簾櫳，花欲窺人簾不卷。
桃花簾外開仍舊，簾中人比桃花瘦；
花解憐人花亦愁，隔簾消息風吹透。
風透簾櫳花滿庭，庭前春色倍傷情；
閑苔院落門空掩，斜日欄杆人自憑。
憑欄人向東風泣，茜裙偷傍桃花立；
桃花桃葉亂紛紛，花綻新紅葉凝碧。
樹樹烟封一萬株，烘樓照壁紅模糊。
天機燒破鴛鴦錦，春酣欲醒移珊枕；
待女金盆進水來，香泉飲蘸胭脂冷。
胭脂鮮艷何相類，花之顏色人之淚。
若將人淚比桃花，淚自長流花自媚；
淚眼觀花淚易乾，淚乾春盡花憔悴。
憔悴花遮憔悴人，花飛人倦易黃昏；
一聲杜宇春歸盡，寂寞簾櫳空月痕！

注釋：
閑苔：院中寂静，青苔也没有人過問。
茜裙：茜，茜草，根可作紅色染料；茜裙，紅色裙子。
天機：天上仙女的織機。
春酣句：春酣，春日的酣睡；珊枕，珊瑚枕。
杜宇：鳥名，又名杜鵑，子規，啼聲悲哀。

史湘雲：如夢令 • 柳絮

豈是繡絨才吐。卷起半簾香霧。纖手自拈來，空使鵑啼燕妬。
且住，且住！莫使春光別去！

注釋：

如夢令：詞排名，單調，三十三字。

賈探春：南柯子 • 柳絮　　半闋

空挂纖纖縷，徒垂絡絡絲。
也難綰系也難羈，一任東西南北各分離。

注釋：

南柯子：詞牌名，亦作南歌子，有單調，雙調兩體。雙調五十二字，單
調二十六字。

半闋：半首。

纖纖縷：這裏指纖細的絲絨狀態。

絡絡絲：這裏指連綿交織的狀態。

綰系：綰，盤繞；綰系，即栓系。

羈：束縛，系絆。

賈寶玉：南柯子 • 柳絮　　半闋

落去君休惜，飛來我自知。
鶯愁蝶倦晚芳時，縱是明春再見——隔年期！

注釋：

這半首是續探春的下半首。

晚芳時：暮春時節。

隔年期：一年後的約會，相隔一年，故謂隔年期。

林黛玉：唐多令・柳絮

粉墮百花洲，香殘燕子樓。

一團團，逐隊成球。漂泊亦如人命薄；

空繾綣，説風流！

草木亦知愁，韶華竟白頭。

嘆今生，誰捨誰收！

嫁與東風春不管；憑爾去，忍淹留！

注釋：

唐多令：詞牌名，雙調六十字。

百花洲：地名，一在江西南昌，一在山東歷城。這裏是借用，即百花
盛開的水洲。

燕子樓；這裏泛指燕子居住過的樓。

繾綣：難捨難分。

韶華：美好的時光。

薛寶琴：西江月・柳絮

漢苑零星有限，隋堤點綴無窮：

三春事業付東風，明月梨花一夢。

幾處落紅庭院，誰家香雪簾櫳：

江南江北一般同，偏是離人恨重！

注釋：

西江月：詞牌名，雙調，五十字。

漢苑：漢代的宮苑，這裏是泛指。

隋堤：隋代的河堤，這裏是泛指。

落紅：落花。

薛寶釵：臨江仙·柳絮

白玉堂前春解舞，東風卷得均勻。
——蜂圍蝶陣亂紛紛，幾曾隨逝水？豈必委芳塵？
萬縷千絲終不改，任他隨聚隨分。
韶華休笑本無根：好風憑借力，送我上青雲。

注釋：
臨江仙：詞牌名，雙調，六十字。
白玉堂：指封建社會貴族家的住宅。
解舞：懂得怎樣舞得好。
逝水：流水。
青雲：舊時代把追逐功名利祿，飛黃騰達，稱爲青雲直上。

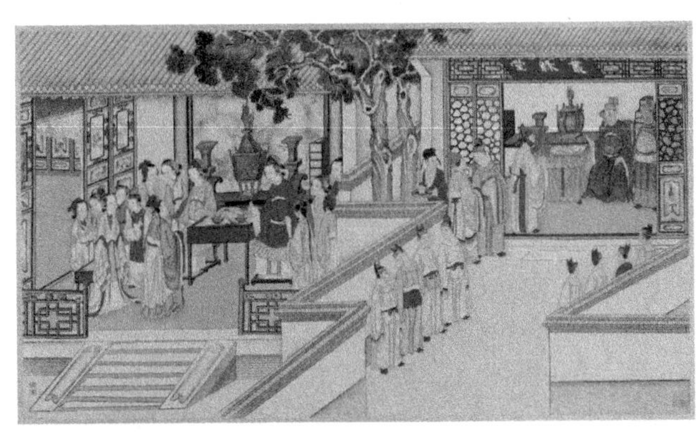

黛玉：三五中秋夕，

湘雲：清游擬上元。撒天箕鬥燦，

黛玉：匝地管弦繁。幾處狂飛盞？

湘雲：誰家不啓軒。輕寒風剪剪，

黛玉：良夜景暄暄。爭餅嘲黄發，

湘雲：分瓜笑綠媛。香新榮玉桂，

黛玉：色健茂金萱。蠟燭輝瓊宴，

湘雲：觥籌亂綺園。分曹尊一令，

黛玉：射復聽三宣。骰彩紅成點，

湘雲：傳花鼓濫喧。晴光摇院宇，

黛玉：素彩接乾坤。賞罰無賓主，

湘雲：吟詩序仲昆。構思時綺檻，

黛玉：擬句戍依門。酒盡情憂在，

湘雲：更殘樂已諼。漸聞語笑寂，

黛玉：空剩雪霜痕。階露團朝菌，

湘雲：庭烟斂夕棔。秋湍瀉石髓，

黛玉：風葉聚雲根。寶婺情孤潔，

湘雲：銀蟾氣吐吞。藥催靈兔搗，

黛玉：人向廣寒奔。犯鬥邀牛女，

湘雲：乘槎訪帝孫。盈虚輪莫定，

黛玉：晦朔魄空存。壺漏聲將涸，

湘雲：窗燈焰已昏。寒塘渡鶴影，

黛玉：冷月葬詩魂。

妙玉：香篆銷金鼎，冰脂膩玉盆。

簫憎嫠婦泣，衾倩侍兒溫。
空悵悲文鳳，閑屏設彩鴛。
露濃苔更滑，霜重竹難捫。
猶步縈行沼，還登寂歷原。
石奇神鬼縛，木怪虎狼蹲。
顱鬣朝光透，罘罳曉露屯。
振林千樹鳥，啼谷一聲猿。
歧熟焉忘徑？泉知不問源。
鐘鳴櫳翠寺，雞唱稻香村。
有興悲何極？無愁意豈煩？
芳情只自遣，雅秋向誰言！
徹旦休雲倦，烹茶更細論。
《右中秋夜大觀園即景聯句三十五韻》

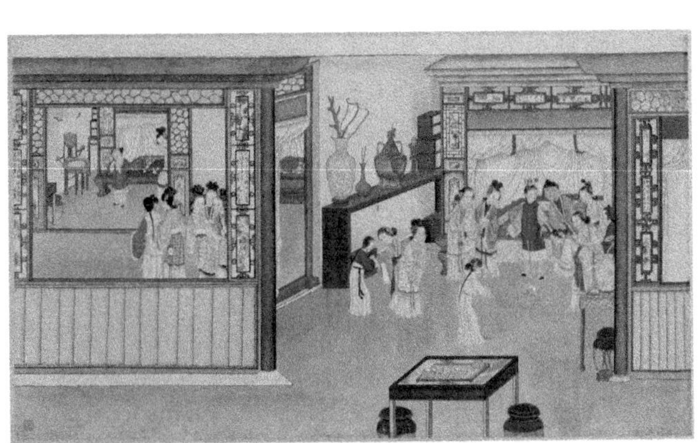

注釋：

三五：即每個月份的第十五天，亦稱望日。

上元：陰歷正月十五日爲上元。

箕鬥：二十八星宿中的兩個星宿，後常以箕，鬥概稱天上星鬥。

暄暄：温暖融洽，景色明媚的樣子。

争餅句：餅，指月餅，黄髮，指老年人。

分瓜句：分瓜，指中秋吃西瓜的風俗；媛，少女；緑，指緑色服裝。

色健句：萱，同瑗，即萱草，稱母爲萱，或萱堂，這句隱喻母輩身體健康。

瓊宴：瓊，美玉，引伸爲美好；瓊宴，豐盛美好的宴席。

觥籌：觥，古代角質酒杯；籌，籌碼，記數的用具。

分曹：曹，原爲古時職官中分種管事的意思；分曹，指酒令游戲時各行各令。

射覆：一種猜物游戲，即將某種物品用盆覆上，使人猜測，猜測者不能直接説出，要用隱語影"射覆"的物品。

傳花：擊鼓傳花游戲。

更殘句：五更將盡，即將要天亮；諼，忘也。

楷：合歡樹，又名合昏樹，枝葉入夜即合。

秋湍句：湍，急流；瀉，水的傾瀉；石髓，鍾乳石。

風葉句：風葉，風中的樹葉；雲根，山石，古人認爲山中雲氣由石一而生，故稱石爲雲根。

寶婺：婺，婺女星，又名須女星，傳説其神爲女性。

銀蟾：蟾，傳説月中有蟾蜍，故稱月宫爲蟾宫。

藥催：神話中傳説月中有兔搗藥。

廣寒：月宫又稱廣寒宫。

犯鬥句：犯，别的星體侵入另一個星座爲犯；鬥，鬥宿；牛女，即牽牛星，織女星。

乘槎句：槎，木筏，這裏指傳説中的仙筏。據《荆楚歲時記》叙説，漢武帝時，張騫出使大夏，乘坐一只木筏，尋找河源，後來到天上，見到牛郎，織女；帝孫，指織女，《漢書·天文志》："織女，天帝孫也。"

盈虚：盈，月滿；虚，月缺。

晦朔句：晦，月盡爲晦，稱陰三十爲晦；朔，月初爲朔，稱陰歷初一爲朔；魄，月初生時的微光。

香篆句：香篆，以篆文記時刻在香上；銷金鼎，指一種鑲金的鼎形香爐。

簫憎句：憎，憎恨；嫠婦，寡婦。

文風：彩風。

捫：撫摸。

贔屭：傳說爲龍屬，即碑碣上刻的獸類；一說爲龜屬，即碑下員碑的動物。

罘罳：古代設在宮門外城角上的網狀屏障，後亦稱檐下；窗上防鳥雀的網爲罘罳。

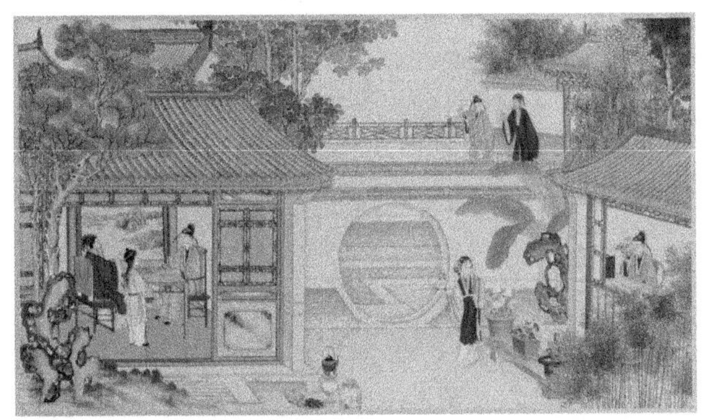

賈蘭：吊林四娘 七絶

婦嬙將軍林四娘，玉爲肌骨鐵爲腸。
捐軀自報恒王後，此日青州土尚香！

賈環：吊林四娘 五律

紅粉不知愁，將軍意未休。
掩啼離繡幕，抱恨出青州。
自謂酬王德，誰能復寇仇？
好題忠義墓，千古獨風流！

賈寶玉：婦嬙詞

恆王好武兼好色，遂教美女習騎射；
穠歌艷舞不成歡，列陣挽戈爲自得。
眼前不見沙塵起，將軍俏影紅燈裏；
叱咤時聞口舌香，霜矛雪劍嬌難擧。
丁香結子芙蓉縚，不系明珠系寶刀；
戰罷夜闌心力怯，脂痕粉漬汙鮫綃。
明年流寇走山東，獨呑虎豹勢如蜂；
王率天兵思剿滅，一戰再戰不成功；
腥風吹折隴中麥，日照旌旗虎帳空。
青山寂寂水澌澌，正是恆王戰死時；
雨淋白骨血染草，月冷黃昏鬼守屍。
紛紛將士只保身，青州眼見皆灰塵；
不期忠義明閨閣，憤起恆王得意人。

恆王得意數誰行，婗嬢將軍林四娘；
號令秦姬驅趙女，穠桃艳李臨疆場；
繡鞍有淚春愁重，鐵甲無聲夜氣凉。
勝負自難先預定，誓盟生死報前王。
賊勢猖獗不可敵，柳折花殘血凝碧；
馬踐胭脂骨髓香，魂依城郭家鄉隔。
雖馳時報入京師，誰家兒女不傷悲。
天子驚慌愁失守，此時文武皆垂首。
何事文武立朝綱，不及閨中林四娘？
我爲四娘長吸息，歌成余意尚徬徨！

注釋：
丁香結子；丁香花蕾嚴緊，故稱爲丁香結。這裏指衣帶上的扣結。
山東：山，指太行山；山東，即太行山東側，
虎帳：軍事指揮者發號施令所在的帳幕。
婗嬢：形容女性的嫻静美好。
朝綱：封建專制施政的原則。

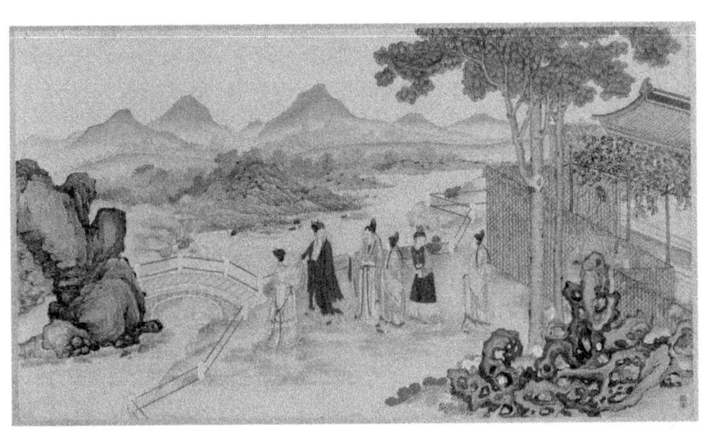

賈寶玉：芙蓉女兒誄

維太平不易之元，蓉桂競芳之月，無可奈何之日，怡紅院濁玉，謹以群花之蕊，冰鮫之縠，沁芳之泉，楓露之茗：四者雖微，聊以達誠申信，乃致祭于白帝宮中撫司秋艷芙蓉女兒之前曰：竊思女兒自臨人世，迄今凡十有六載。其先之鄉籍姓氏，湮淪而莫能考者久矣。而玉得于衾枕櫛沐之間，栖息宴游之夕，親昵狎褻，相與共處者，僅五年八月有奇。憶女曩生之昔，其為質則金玉不足喻其貴；其為體則冰雪不足喻其潔；其為神則星日不足喻其精；其為貌則花月不足喻其色。姊娣悉慕媖嫻，嫗媼咸仰慧德。孰料鳩鴆惡其高，鷹鷲翻遭罦罬；薋葹妒其臭，茝蘭竟被芟鉏！花原自怯，豈奈狂飆？柳本多愁，何禁驟雨？偶遭蠱蠆之讒，遂抱膏肓之疾。故櫻唇紅褪，韵吐呻吟；杏臉香枯，色陳顑頷。諑謠謑詬，出自屏幃，荊棘蓬榛蔓延窗戶，既懷幽沉于不盡，復含罔屈于無窮，高標見妒，閨闈恨比長沙；貞烈遭危，巾幗慘于雁塞。自蓄辛酸，誰憐夭折？仙雲既散，芳趾難尋。洲迷聚窟，何來却死之香？海失靈槎，不獲回生之藥。眉黛烟青，昨猶我畫；指環玉冷，今倩誰溫？鼎爐之剩藥猶存，襟淚之餘痕尚漬。鏡分鸞影，愁開麝月之奩；梳化龍飛，哀折檀雲之齒。委金鈿於草莽，拾翠盒于塵埃。樓空鳷鵲，從懸七夕之針；帶斷鴛鴦，誰續五絲之縷？況乃金天屬節，白帝司時；孤衾有夢，空室無人。桐階月暗，芳魂與倩影同消；蓉帳香殘，嬌喘共細腰俱絕。連天衰草，豈獨兼葭；匝地悲聲，無非蟋蟀露階晚砌，穿簾不度寒砧；雨荔秋垣，隔院希聞怨笛。芳名未泯，檐前鸚鵡猶呼；艷質將亡。檻外海棠預萎。捉迷屏後，蓮瓣無聲；鬥草庭前，蘭芳枉待。拋殘繡綫，銀箋彩袖誰裁？褶斷冰絲，金鬥御香未熨。昨承嚴命，既趨車而遠陟芳園；今犯慈威，復柱扙而遺拋孤柩。及聞蕙棺被燹，頓違共穴之情；石槨成災，愧逮同灰之誚。爾乃西風古寺，淹滯青磷，落日荒丘，零星白骨。揪楡颯颯，蓬艾蕭蕭。隔霧壙以啼猿，繞烟塍而泣鬼。豈道紅綃帳裏，公子情深；始信黃土隴中，女兒命薄！汝南斑斑淚血，灑向西風；梓澤默默餘衷，訴憑冷月。嗚呼！固鬼城之為災，豈神靈之有妒？毀詖奴之口，討豈以寬？剖悍婦之心，忿猶未釋！在卿之塵緣雖淺，而玉之鄙意尤深，因蓄惓惓之思，不禁諄諄之問。

始知上帝垂旌，花宮待詔，生儕蘭蕙，死轄芙蓉。聽小婢之言，似涉無稽；據濁玉之思，深爲有據。何也？昔葉法善攝魂以撰碑，李長吉被詔而爲記，事雖殊而其理則一也。故相物以配才，苟非其人，惡乃濫乎？始信上帝委托權衡，可謂至洽至協，庶不負其鍾秉賦也。因希其不昧之靈，或陟降于茲，特不揣鄙俗之詞，有污慧聽，乃歌而招之曰：天何如是之蒼蒼兮，乘玉虬以游乎穹窿耶？地何如是茫茫兮，駕瑤象以降乎泉壤耶？望傘蓋之陸離兮，抑箕尾之光耶？列羽葆而爲前導兮。衛危虛於傍耶？驅豐隆以爲庇從兮，望舒月以臨耶？聽車軌而伊軋兮，御鸞鷖以徵耶？聞馥鬱而飄然兮，紉薜杜以爲佩耶？襴裙裙之爍爍兮，鏤明月以爲璫耶？借葳蕤而成壇畤兮，檠蓮焰以燭蘭膏耶？文瓠匏以爲觶斝兮，灑醽醁以浮桂醑耶？瞻雲氣而凝眸兮，仿佛有所覘耶？俯波痕而屬耳兮，恍惚有所聞耶？期汗漫而無際兮，捐弃予於塵埃耶？倩風簾之爲餘驅車兮，冀聯巒而携歸耶？餘中心爲之慨然兮，徒嗷嗷而何爲耶？卿偃然而長寢兮，豈天運之變於斯耶？既窀穸且安穩兮，反其真而又奚化耶？餘猶桎梏而懸附兮，靈格餘以嗟来耶？來兮止兮，卿其來耶？若夫鴻蒙而居，寂静以處，雖臨於茲，餘亦莫睹。搴烟蘿而爲步障，列蒼蒲而森行伍。警柳眼之貪眠，釋蓮心之苦味。素女約於桂岩，宓妃迎於蘭渚，弄玉吹笙，寒簧擊敔。徵嵩岳之犯，啓驪山之姥，龜呈洛浦之靈，獸作咸池之舞。潜赤水兮龍吟，集珠林兮鳳翥，爰格爰誠，匪簪匪簠。發軔乎霞城，還旌乎玄圃，既顯微而若遄，復氤氳而倐阻。離合兮烟雲，空蒙兮霧雨。塵霾斂兮星高，溪山麗兮月午。何心意之怦怦，若寤寐之栩栩？餘乃欷歔悵怏，泣涕彷徨。人語兮寂歷，天籟兮篔簹。鳥驚散而飛，魚唼喋以響，志哀兮是禱，成禮兮期祥。嗚呼哀哉！尚饗！

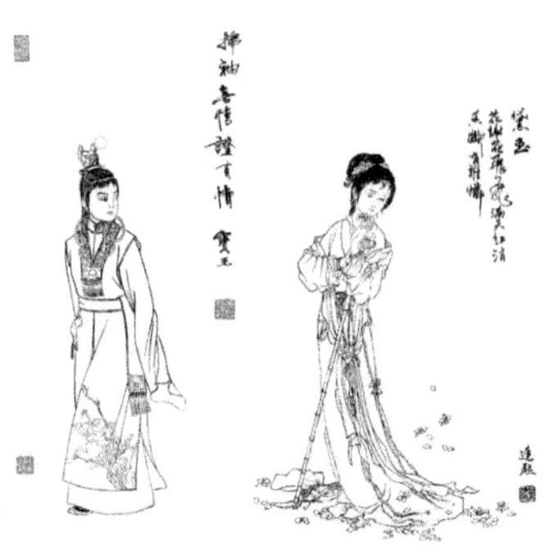

注釋：

誄：祭文的一種。

維：句首語氣助詞，無義。祭文的開頭一定要寫明時間，以"維年月日"做爲開頭的固定格式。

冰鮫縠：縠（斛），綢的一種，較羅疏，比紗蜜實際是一種縐紗。

蓉桂競放之月：古稱八月爲桂月，寫誄文時在八月。

申信：申，陳述，信，通誠；申信，陳述堅定不移的感情。

茗，茶的一種,茶葉因采摘的時間早晚而名各异。陸羽《茶經》"一日茶，二日檟（賈），三日蔎（設），四日茗，五日荈"。亦用"茗"總稱茶。

衾枕櫛冰：衾，被；枕，枕頭；櫛，木梳，這裏是指梳頭；冰，洗髮。

姊娣悉慕媄嫺：娣，妹；媄嫺，美好而文雅。

鴆鴞惡其高：鴆，鳥名，鴿類；鴆，又名運日，毒鳥，王逸《離騷》注："鴆，運日也，羽有毒，可殺人。"鴆鴞皆不善飛。

鷹鷙：鷙，鷹類猛禽；鷹鷙皆勇猛善飛；翻，反；罦（孚）罿（輟），皆捕鳥之網；這句是説，才高反遭打擊。

葐菔句：葐（瓷），蒺藜；菔（施），蒼耳；屈原在《離騷》中把葐菔作爲惡草以喻小人，這裏指襲人等人；臭，氣味通稱；《易·系辭》："其臭如蘭"，這裏指香氣。

茝蘭句：茝（齒），茝，白芷；蘭，蘭草；二者在《離騷》中皆作爲香草以喻正派人，這裏是指晴雯；艾（册），除草；菹（租），菜名。

蠱螫句：蠱，一種害人的毒物,《本草綱目》："造蠱者，以百蟲置皿中，俾相啖食，取其存者謂蠱毒。"螫（瘥）毒蟲，《通俗文》："長尾爲盂，短尾爲蝎"；讒，説好人的壞話，這裏指襲人的進讒。

色陳顑頷：色，顔；陳，呈陳；顑（坎），頷（含），因肌餓而臉色黄枯。這裏指晴雯病容憔悴。

復含句：復，又；含，指感情的忍而未發。

罔，被誣陷；屈，冤枉。這句是説晴雯又飽含着無限冤枉之情。

高標：花的最高枝，喻人的才華出衆。

長沙：指賈誼，冤恨可以和賈誼相比。

貞烈二句：貞，堅貞；烈，剛正；能以身殉其信仰者爲烈士；

巾幗：女子的首飾，後以爲婦女的代稱；

雁塞：這裏是指長城外，邊塞也；

慘于雁塞：比出塞的昭君的遭遇還慘。

洲迷聚窟二句：《十洲記》：“聚窟洲在西海中，……，地方三千裏，北接倉昆，上多真仙靈官……”；《述異記》：“聚窟洲有返魂樹，伐其根心，於至釜中煮取汁，又熬之令可丸，名曰驚精香，或名震靈丸，或名返生香，或名却死香，死尸聞氣即活。”

海失靈搓二句：靈搓，即浮搓，傳說中航行大海與天河之間的仙舟。

眉黛：黛，青綠色顔料，畫眉用。

指環玉冷二句：意爲戴着戒指的手指象冷玉那樣冷，可是今天又誰來給你溫暖？

鏡分鸞影：分。分開；鸞影，鏡上畫的鸞鳳的圖畫，這句是用樂昌公主破鏡重圓的典。《青瑣記》：“樂昌公主與夫徐德言別，破一鏡，人執其半，約　此必以正月望日。陳亡，公主入楊越公家，德昌流落至京，以正月望日訪於都市，果有蒼頭　半鏡者。德言出半合之，越公即還其妻。”

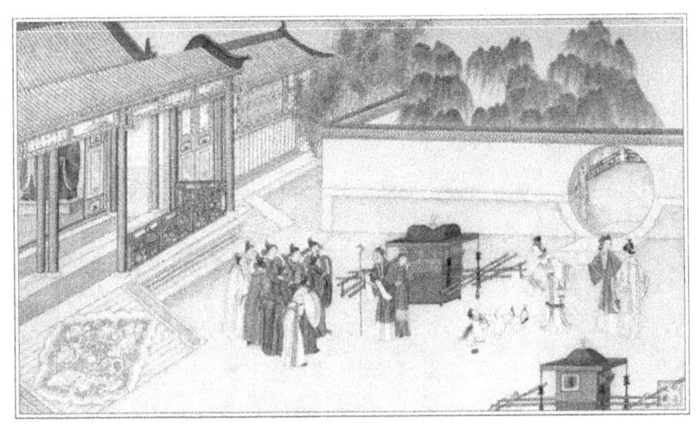

委金鈿二句：委，丟弃；金鈿，嵌金花的女人首飾；草莽，草野；翠盒，翠色玉石首飾盒。這兩句是用楊貴妃死於馬嵬驛事。

白居易《長恨歌》：“花鈿委地無人收，翠翹金雀玉搔頭。”

樓空鵁鶄：鵁（支）鶄，近于樫鳥的一種鳴禽；漢有宮觀名鵁鶄；司馬相如《上林賦》：“過鵁鶄望寒露，”李周翰注：“皆宮觀名”。這裏借用這個帶“鶄”字的樓名，既寫出人去樓空，又寫出無鵲不能象牛郎織女那樣鵲橋相會，起到一語雙關的效果。

徒懸句：徒，枉然；七夕之針，《荆夢歲時記》：“七月七日，牽牛織女會天河，人家婦女結彩樓，穿七孔針以乞巧，有蟢子網於瓜下，則以爲得。”又《帝京景物略》：“七月七日之午，丟巧針，婦女曝盆水日中。傾之，水面生膜，綉針投之則浮，則看水底針影，有成雲物花頭鳥獸影者，有成鞋及剪刀水茄影者，謂乞得巧。”這句承上句意，鵲橋既搭不成，牛郎織女就不能相會，乞巧事也就不行了，故謂白白地懸着乞巧綉針。

金天屬節：即節屬金天的倒置；金天，古代五行説法，西方爲金，季節爲秋，秋天爲金天。杜甫詩：“爽氣金天豁，清淡玉露繁。”

蒹葭：蘆葦，又蒹葭爲《詩經·秦風》篇名，中有“蒹葭蒼蒼，白露爲霜，所謂伊人，在水一方，溯洄從之，道阻且長”句，這裏用了蒹葭，既是寫景，又引人聯想。

寒砧：砧，捶衣石；寒砧，秋天捶衣聲，因秋季天氣已凉，故稱寒砧。

檻外海棠預萎：《紅樓夢》第七十七回：寶玉道：“這階下好好的一株海棠花，竟無故死了半邊，我就知道有壞事，果然應在他身上。”

嚴命：父命。

慈威：母親的威嚴。

蕙棺：指棺木的芳香美好。

愧逮同灰之消：逮，追及；引伸爲遭到。同灰，同化爲灰，楊公回詩：“生爲并身物，死爲同棺灰。”

汝南二句：汝南淚，系用範式哭汝南友人張劭事。蔣濟《山陽死友傳》“漢範式，字巨卿，山陰金郡人也，一名記，與汝南張劭爲友，劭字元伯。”後元伯臨終嘆曰：‘恨不見我死友！’而範式亦夢元伯死，於是“便服朋友之服，投其葬日，馳往赴之。未及到，而喪已發引，既至塘，將窆，而柩不肯進，其母撫之曰：‘元伯豈有望耶！’遂停柩，移時，乃見素車白馬，號哭而來。其母撫之曰：‘是必範巨卿也。’既至，扣喪言曰：‘行矣元伯！生死異路，永從此辭！’會葬者千人，皆爲揮涕。式因執紼引柩，于是乃前。”灑向西風，《漢書．矯慎傳》：“汝南吳蒼，慎重之。因遺書以觀其志曰：‘仲彦足下，勒處隱約，雖乘雲行泥，栖宿不同，每有西風，何賞不嘆。”這裏把這兩個典故捏合在一起。

梓澤默默餘衷：梓澤，指石崇的金谷園，《晋書．石崇傳》：“崇有別舘，在河陽之金谷，一名梓澤。”這裏用梓澤指石崇，也用緑珠墜樓事。

上帝垂旌：旌，旗的一種，用于傳達命令，指揮戰陣，垂旌，即降詔，下命令；這裏是説招晴雯回去。

待詔：待，等待，與上句“垂”對稱，爲動詞；詔，帝王的文告，待詔，等待任命或召喚。

葉法善句：《處州府志》：“唐開元間，松陽葉法善，以道術遭遇玄宗。時李邕爲處州刺史，邕以詞翰名世，法善求邕與其祖有道先生國垂作碑，邕從之，文成，請并書，弗許。一夕夢法善請曰：‘向辱雄文，光賁泉壤，敢再求書。’邕喜而爲書，未競，鍾鳴夢覺，至丁字下數點而止。法善刻畢，持墨本德謝。邕驚曰：‘如以爲夢，乃真耶？’世傳此碑爲追魂碑。”

李長吉句：李商隱《李長吉小傳》：“長吉將死時，忽晝見一緋衣人，駕赤虬，持一板書若太古篆式霹靂文者雲‘當召長吉！’長吉了不能讀。欻下榻叩頭，言阿婆老且病，賀不願去。緋衣人笑曰：‘帝成白玉樓，立召君爲《記》，天上差樂不苦也。’長吉獨泣，邊人盡見之。少之，長吉氣絶。”

天何句：何，爲什麽；蒼蒼，深青色。《爾雅．釋天》注：“天形穹窿，其色蒼蒼。”

乘玉虬句：乘，騎；玉，白玉石；這裏作白色解；虬，無角龍。

駕瑶象句：駕，駕馭，瑶象，白玉般的大象；駕與上句“乘”爲對文，“瑶”與“玉”爲互文；泉壤，黃泉地下。

望傘蓋句：蓋，車上天棚；陸離，五光十色。

抑箕尾：抑，還是；箕尾，星宿名；均爲二十八宿之一。古稱人死後靈魂上天爲騎箕尾。

莊子《大宗師》："傳説得之以相武丁，奄有天下，乘車維，騎箕尾，而比于列星。"《宋書．趙鼎傳》："鼎自書銘旌曰：'身騎箕尾歸天去，氣作山河壯本朝。'"

羽葆：以各色羽毛裝飾的華蓋，爲儀仗隊所執之物。

衛危虛句：即危虛衛於傍的倒置。危，虛，是二十八宿中的兩個星。

豐隆：雷神；《離騷》："吾令豐隆乘雲兮，"王逸注："雷神"。

望舒月句：望，遠看；與上句"驅"爲對文；舒月，即月亮，因月神名望舒，故稱。

御鷥鷩以徵耶：御，駕駛；鷥，似鳳；色五彩多青色；鷩，《離騷》："駟玉虬以乘鷥兮"。王逸注："鷩，鳳凰別名也。"徵，遠行。

紉蘅杜句：紉，繩索，這裏作動詞用，串穿連綴之意；蘅，杜蘅，香草；杜，甘棠，又名棠梨。

檠：高燈架，燈臺。

文瓟爮句：文，花紋；這裏作動詞用，作繪解，瓟（胡），即葫蘆；爮，小瓜；觶（支），角質酒器；斝（賈），玉質酒器，繪有禾穗。這句是：把剖開的葫蘆繪上花紋做爲酒杯。

灑醽醁句：醽（靈）醁（錄），美酒名：《抱撲子．嘉遯》："寒泉旨于醽醁"；，酒之最清者；桂醑，即桂花酒；灑，浮，皆言酒溢。

覘：窺視。

期汗漫二句：期，約會；汗漫，宇宙無限深遠的地方，《淮南子．道應》"吾與汗漫期於九垓之外"，注："汗漫，不可知也"；塵埃，大地，人世。

風廉：即風伯，風神也。

餘中心二句：中心，内心深處；嗷嗷，愁哭之聲。

卹偃然而長寢：偃然，仰面僵卧的樣子；長寢，長眠。

窀穸：墓穴：《左傳．襄十三年》注："窀，厚也；穸，夜也；原夜猶長夜，長夜謂埋葬。"

餘猶桎梏二句："桎梏，鉗籠手足的刑具，《周禮》鄭玄注："在手爲桎，在足爲梏"。道家以形體爲精神的桎梏，人死，精神脱離肉體爲返真，爲超脱；懸附，《莊子．大宗師》："彼以生爲附贅懸疣，以死爲决瘝潰癰，"靈，靈性；格，感通；嗟來，《莊子．大宗師》："嗟來桑户乎！嗟來桑户乎！"

《脂硯齋注》："桑户，人名"。

鴻蒙：高空裏曠遠迷茫的自然元氣。

搴烟蘿句：搴，拔取；烟蘿，一種攀繞莖植物。

步障：古代達官貴人外出時，設於道旁擋風塵的布惟。

蓮心之味苦：蓮心，雙關語，蓮子味苦，故以蓮心形容人心的痛苦。

素女：傳說中善鼓瑟的仙女。

宓妃：洛水之神。

弄玉吹笙二句：玉，《正字通》：“寒玉竹別名綠玉”笛簫皆竹制，因稱吹笛品簫爲弄玉。簧，吹奏樂中發音部分；敔（語），形如伏虎的一種打擊樂器，《釋名》：“敔以止樂”是用作停止奏樂的信號。

嵩岳之妃：嵩岳，嵩山，在河南省登封縣境内；妃，《舊唐書．禮儀志》：武則天曾“下制號嵩山爲神岳，尊嵩山神爲天中王，夫人爲靈妃。”

驪山之姥：傳說中的仙人。驪山女神。

龜呈句：傳說禹時，靈龜出于洛水，背有文，禹據以作《洪範》。

《易．繫辭》：“河出圖，洛出書。”

《春秋緯》：“河龍圖發，洛龜書感，河圖有九篇，洛水有六篇。”

獸作句：咸池，日浴處，《淮南子．天文訓》：“日”出于湯谷，浴於咸池。又爲樂曲名，《禮記．樂記》注：“黄帝所作系名也，堯增修而用之。咸，皆也，池之言施也。”這裏是兼用二義，既是舞曲，又是地名，以與上句洛浦成對文；獸舞，《史記．夏記》：“鳥獸相舞，簫韶九成，鳳凰來儀。”

赤水：《莊子．天地》：“黄帝游於赤水，北登於昆侖之丘。”

珠林：《名山記》：“雪竇山在奉化縣西北，厥寺四傍，平疇蕃茂，中起石阜，廣弗盈畝，枏柏森鬱，海鷗巢之，名曰含珠林。”

爰格爰誠：爰，于是；格，精神相當。

匪筥匪篚：匪，通非；篚，古代祭記，燕京時用來盛物的方盤，有木銅二質。

發軔句：軔，停止車輪轉動的支架；發軔，開車；啓行；霞城，即碧霞城，《太平御覽》：“元始天，居紫雲之閣，碧霞爲城。”

還旌句：旌，旌旗之一種，這是旗的總稱，代指儀仗隊；玄圃，《水經注》：“昆侖之山三級，下曰樊桐，一名板松；二曰玄圃，一名閬風；上曰增城，一名天庭。《離騷》：“夕餘至於玄圃。”

怦怦：心情激動。

若窹寐句：窹寐，睡覺；栩栩，《莊子.齊物論》：「昔者莊周夢爲蝴蝶，栩栩然蝴蝶也；自喻適志與，不知周也；俄然覺，則蘧蘧然周也。」這裏以栩栩代指莊周夢蝶事。

篔（雲）簹：竹名。

天籟：自然界的自然聲響。

嗚呼哀哉尚饗：此爲祭文結尾的固定格式，嗚呼，感嘆語氣詞；哀哉，悲痛啊；尚，表示希望的語氣副詞；尚饗，意思是：希望你來享用。

第 79 回

賈寶玉：紫菱洲歌

池塘一夜秋風冷，吹散芰荷紅玉影；
蓼花菱葉不勝悲，重露繁霜壓纖梗。
不聞永晝敲棋聲，燕泥點點污棋枰；
古人惜別憐朋友，況我今當手足情！

注釋：

芰荷：芰，生在水中的菱草，俗稱菱角；荷，荷花，別名芙蓉。

永晝句：永，長；永晝，長日，指夏日天長；敲棋，敲響棋子，宗趙師秀《約客》詩：「有約不來過夜半，閑敲棋子落燈花。」

棋枰：棋盤。

手足情：指賈迎春出嫁引起的傷感。

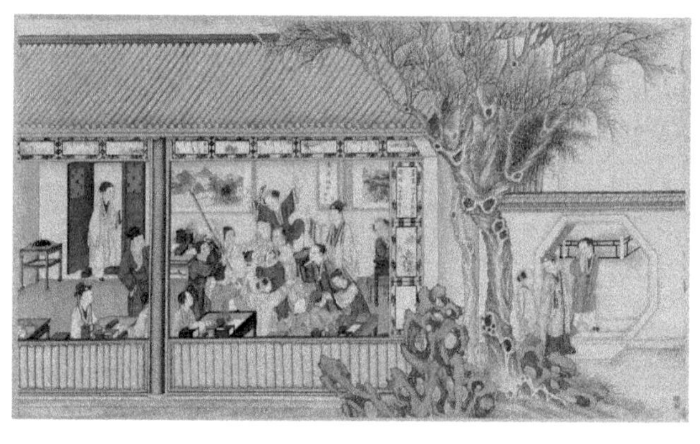

賈寶玉：悼晴雯詞

隨身伴，獨自意綢繆。

誰料風波平地起，頓教軀命即時休；

孰與話輕柔？東逝水，無復向西流。

想象更無懷夢草，添衣還見翠雲裘；脉脉使人愁！

注釋：

綢繆：緊密纏縛《詩經．綢繆》：「綢繆束薪」。引深爲感情聯系的深厚。

懷夢草：傳說中的仙草，據《洞冥記》所述，漢武帝寵愛的李夫人死去，他思念很深，不能重見。後來，東方朔獻給他一株仙草，夜間佩帶，果然在夢中會見了李夫人。於是名之爲懷夢草。

翠雲裘：指金雀裘，晴雯補過的。

第 120 回

結紅樓夢偈

説到辛酸處，荒唐愈可悲。

由來同一夢，休笑世人痴！

注釋：

結紅樓夢偈：此詩應爲高鶚所作。

説到辛酸處：指賈，史，王，薛全面崩潰，主要人物的遭遇發展到悲劇結局的部份。辛酸處，即指此，它照應了第一回《青埂峰頑石偈》"滿紙荒唐言"句。

由來二句：由來，從來；同一夢，同樣是一場春夢。

附註：

八十回以後，只收了："悼晴雯詞"與"結紅樓夢偈"兩首。餘薛寶釵"悲秋"四章；林黛玉"琴詞"；薛蝌一首；賈寶玉，賈環，賈蘭咏"海棠復榮"各一首；妙玉扶乩爲失玉判詞一首；王熙鳳求簽簽訣等均從略。

（十一）諺言俗語

＊第 ２ 回	百足之蟲，死而不僵。
＊第 ２ 回	成則公侯敗則賊。
＊第 ４ 回	大丈夫相時而動。
＊第 ４ 回	趨吉避凶者爲君子。
＊第 ６ 回	謀事在人，成事在天。
＊第 ６ 回	貴人多忘事。
＊第 ６ 回	與人方便自已方便。
＊第 ６ 回	瘦死的駱駝比馬還大。
＊第 ７ 回	肐膊折了往袖子裏藏。
＊第 ９ 回	掩耳盜鈴。
＊第 ９ 回	一龍九種，種種各別。
＊第 ９ 回	三日打魚兩日曬網。
＊第 ９ 回	助紂爲虐。
＊第 ９ 回	打太平拳 （別人相打時，在旁趁機會打幾下冷拳）。
＊第 ９ 回	忍得一時忿，終身無惱悶。
＊第１０回	打着燈籠兒也沒處去找。
＊第１１回	天有不測風雲，人有旦夕禍福。
＊第１１回	心到神知。
＊第１１回	治了病治不了命。
＊第１１回	知人知面不知心。
＊第１１回	癩蛤蟆想吃天鵝肉。
＊第１３回	月滿則虧，水滿則溢。
＊第１３回	登高的跌重。
＊第１３回	樂極生悲。
＊第１３回	樹倒猴猻散。
＊第１３回	否極泰來。
＊第１３回	盛筵必散。
＊第１６回	人家給個棒槌，我就拿着認作針。

109

＊第１６回　　　　　　　指桑罵槐。
＊第１６回　　　　　　　坐山觀虎鬥。
＊第１６回　　　　　　　借刀殺人。
＊第１６回　　　　　　　引風吹火。
＊第１６回　　　　　　　站乾岸兒。
＊第１６回　　　　　　　推倒油瓶兒不扶。
＊第１６回　　　　　　　吃着碗裏瞧着鍋裏。
＊第１６回　　　　　　　閻王叫你三更死，誰敢留人到五更。
＊第１９回　　　　　　　丈八的燈臺——照見人家，照不見自己。
＊第２０回　　　　　　　老天拔地。
＊第２０回　　　　　　　親不隔疏，後不偕先。
＊第２１回　　　　　　　新婚不如遠別。
＊第２１回　　　　　　　過了河就拆橋。
＊第２３回　　　　　　　吃不了兜着走。
＊第２４回　　　　　　　搖車兒裏的爺爺，柱拐棍兒的孫子。
＊第２４回　　　　　　　山高遮不住太陽。
＊第２４回　　　　　　　巧媳婦做不出没米的飯來。
＊第２５回　　　　　　　狗咬呂洞賓——不識好歹。
＊第２５回　　　　　　　毛脚鷄似的（毛手毛脚）。
＊第２５回　　　　　　　心有餘而力不足。
＊第２６回　　　　　　　千裏搭長棚——没有個不散的筵席。
＊第２６回　　　　　　　誰蒸下饅頭等着你——怕冷了不成。
＊第２９回　　　　　　　打牆也是動土。（意思是説：爲了小事費了
　　　　　　　　　　　　大手續便不如做起大事來）
＊第２９回　　　　　　　不是冤家不聚頭。
＊第２９回　　　　　　　人居兩地，情發一心。
＊第３０回　　　　　　　黃鷹抓住鷂子的脚——扣了環了。
＊第３１回　　　　　　　夾槍帶棒。（牽涉旁人）。
＊第３２回　　　　　　　主雅客來勤。
＊第３２回　　　　　　　風裏言風裏語。（非正式透露出來的）
＊第４２回　　　　　　　狗嘴裏還有象牙不成。

113

＊第８２回　　　　　留得青山在，依舊有柴燒。

＊第８３回　　　　　人怕出名，猪怕壯。

＊第８４回　　　　　胖子也不是一口兒吃的。

＊第８４回　　　　　虎頭上捉虱子。

＊第８５回　　　　　和尚無兒孝子多着呢。

＊第８５回　　　　　相敬如賓。

＊第８７回　　　　　惺惺惜惺惺。

＊第８７回　　　　　人是地行仙。

＊第８９回　　　　　親極反疏。

＊第９０回　　　　　好事多磨。

＊第９０回　　　　　姻緣棒打不回。

＊第９０回　　　　　男大須婚，女大當嫁。

＊第９１回　　　　　那個耗子不偷油。

＊第９２回　　　　　一身作事一身當。

＊第９４回　　　　　知人知面不知心。

＊第９６回　　　　　恨鐵不成鋼。

＊第１００回　　　　冤家路兒狹。

＊第１０１回　　　　吃着自己的飯，替人家趕獐子。

＊第１０１回　　　　大蘿卜還用屎澆。

（種大羅卜不需要大糞肥料澆灌"澆"諧音"教"
意思。是高明的人哪裏還用得着愚拙的人來教導。）

＊第１０３回　　　　一人拼命，萬夫莫當。

＊第１０６回　　　　寅年用卯年。

＊第１０７回　　　　躲過了風暴又遭了雨。

＊第１０８回　　　　六親同運。

＊第１１０回　　　　牡丹雖好，全杖綠葉扶持。

＊第１１１回　　　　亂世爲王。

＊第１１７回　　　　真人不露相，露相不真人。

＊第１１７回　　　　一子出家，七祖昇天。

＊第１１７回　　　　焦了尾巴梢子。（歇後語：絕後）

＊第１１９回　　　　一舉成名天下聞。

（十二）庵觀寺院

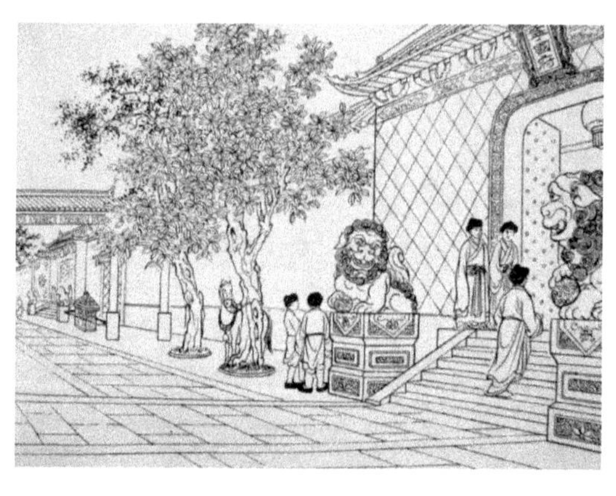

（十三）太虛幻境

＊第	1	回	大荒山	
＊第	1	回	無稽崖	
＊第	1	回	青埂峯	
＊第	1	回	警幻仙子	
＊第	1	回	赤霞宮	
＊第	1	回	神瑛侍者	
＊第	1	回	絳珠仙草	修成女體。
＊第	1	回	離恨天	
＊第	1	回	秘情果	絳珠草饑餐秘情果。
＊第	1	回	灌愁水	絳珠草渴飲灌愁水。
＊第	1	回	太虛幻境	
＊第	1	回	北邙山	
＊第	5	回	灌愁海	
＊第	5	回	放春山	太虛幻境所在。
＊第	5	回	遣香洞	太虛幻境所在。
＊第	5	回	痴情司	
＊第	5	回	結怨司	
＊第	5	回	朝啼司	
＊第	5	回	暮哭司	
＊第	5	回	春感司	
＊第	5	回	秋悲司	
＊第	5	回	簿命司	金陵十二正釵，副釵， 又副釵均屬此司。
＊第	5	回	《群芳髓》	合各種寶林珠樹之油所制成之香。
＊第	5	回	《千紅一窟》	放春山遣香洞 之仙花靈葉上所帶的宿露烹煮的茶。
＊第	5	回	痴夢仙姑	
＊第	5	回	鍾情大士	
＊第	5	回	行愁金女	

117

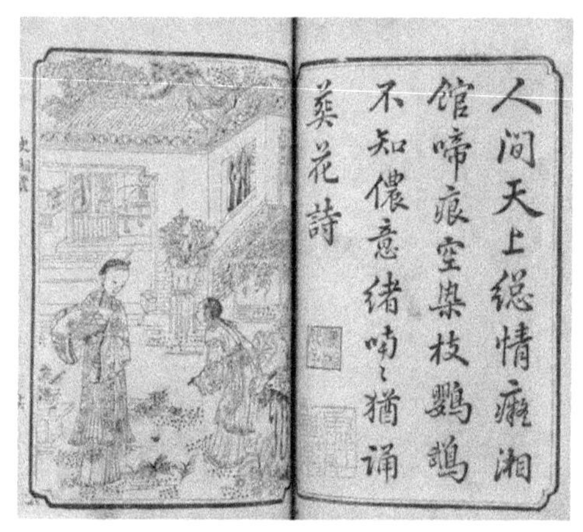

（十四）附録

第 18 回　　　　　　賈元春省親時的賞賜

少時，太監跪啓："賜物俱齊，請驗按例行賞"。乃呈上畧節。元妃從頭看了無話，即命照此而行。太監下來，一一發放。原來賈母的是金玉如意各一柄，沉香拐杖一根，伽楠念珠一串，"富貴長春，宮緞四匹，福壽綿長，宮鈾四匹，紫金筆錠如意，錁十錠"吉慶有餘"銀錁十錠。邢夫人等二分，只減了如意，拐杖，珠四樣，賈敬賈赦賈政等每分御制新書二部，寶墨二匣，金銀盞各二只，表禮按前。寶釵黛玉諸姊妹等，每人新書一部，寶硯一方，新樣格式金銀錁二對。寶玉和賈蘭是金銀項圈二個，金銀錁二對，尤氏，李紈，鳳姐等皆金銀錁四錠，表禮四端，另有表禮二十四端，清錢五十串，是賞與賈母王夫人及各姊妹房中奶娘及衆丫寰的。賈珍，賈璉，賈環，賈蓉等皆是表禮一端，金銀錁一對。其餘彩緞百匹，白銀千兩，御酒數瓶，是賜東西兩府及園中管理工程，陳設答應及司戲掌燈諸人的。外又有清錢三百串，是賜厨役優伶，百戲，雜行人等的。

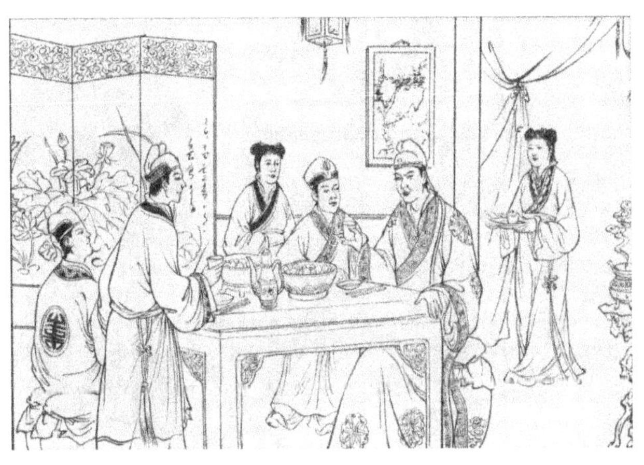

紅樓夢（刊行以前）年表

公元	清代紀年	作者著作版本情況	批註系年	歷史事實本書記戴	附記
1715	康熙 54 年乙未	曹雪芹生 (?)			説見《紅樓夢校本八十四回》序言及注十七
1743	乾隆八年癸亥（以下均乾隆紀年）	29 歲擬定爲初寫紅樓夢時			説見本文兩段第一節并《校本》序言及註十八
1744	九年甲子	30 歲		康熙妃納喇氏卒，本書五十八回記老太妃之死	史实见"清史稿"列傳一'后妃'。以下三条并见《红楼梦著作的年代》一文中
1745	十年乙醜	31 歲		是年十一月廿九日夜《子初》冬至。本書十一回記十一月三十日冬至。	節氣據《道光本萬年歷》
1747	十二年丁卯	33 歲		是年四月廿九日未時交芒種。本書廿七回記四月廿六未時芒種	同上

1753	十八年 癸酉	39歲 擬定爲紅樓夢第一次定稿時首尾足十年			本書第一回"披閱十戴增册"五次。"甲戌本開首有詩雲""十年辛苦不尋常。"
1754	十九年 甲戌	40歲 有脂硯齋甲戌本（存十六回）			甲戌本第一回稱"甲戌抄閱再釋"。此本爲已卯發展本書各俱爲《脂硯齋重評石頭記》
1756	二十一年 丙子	42歲 是年五月初七日對清一次	有批註		此語見庚辰本第七十五回開首，雖未見有版本，可能指脂硯齋三閱評定之時。
1759	二十四年 乙卯	45歲 有指硯齋已卯四閱評本八十回（存三十八回）	有批註（系年）		系年指個別批註附有干支年月而言
1760	二十五年 庚辰	46歲 有脂硯齋四閱評本八十回（存七十八）回	有批註		有正書局戚琴生序本八十回當在此本以後，甲辰本前，以未詳年月附記于此

1763	二十七年 壬午	是年除夕曹雪芹卒。 年 48 歲 (?) 公元 1763 年 2 月 12 日	（批註 系年）		説見《曹雪芹的卒年》一文中，又見本文丙段第三節
1765	三十年 乙酉		（批註 系年）		
1767	三十二年 丁亥		（批註 系年）		
1774	三十九年 甲午		（批註 系年）		脂譯本批註附記角分止此
1784	四十九年 甲辰	有甲辰夢覺主人序本八十回其时尚未有一百二十回之説	有批註 （已多删去）		此本性質在抄本與後來刻本之間．其删脂評説見第十九回總評

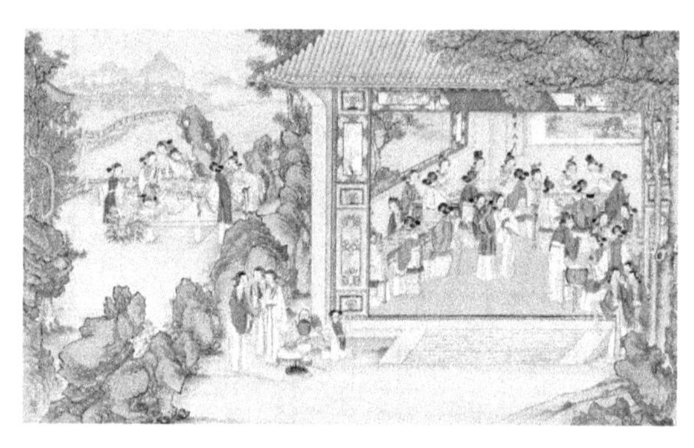

1789	五十四年 己酉	有舒元煒序本八十回（存前四十回）其時已知全書有一百二十回	無批註（只有一條粘在第六回的夾行。亦非脂批）		是較晚的抄本．筠園主人序雲："業已有二枓三分，"又説"數尚缺乎秦關"
1790	五十五年 庚戌	已傳有一百二十回抄本與八十回本并行			見周春《閲紅樓夢隨筆》
1791	五十六年 庚辛亥	有程偉元初次排印本一百二十四回(程甲本)	無批註		題辛亥冬至前五日
1792	五十七年 壬子	有程偉元二次排印本一百二十回（程乙本）	無批註		題《壬子花朝》計相距只七十天，但甲本一五七一頁中，乙本改動者有一五一五頁之多

說明：上表是1962年中華書局出版的甲戌本脂硯齋重評石頭記十六回殘本後俞平伯後記末所附的。表内附記程内所稱的"本文"即後記，本書即指甲戌本十六回。

（十五）紅樓夢版本淺談

　　《紅樓夢》是一部政治歷史小說，是形象的中國封建社會衰亡史。現在大家看到的《紅樓夢》一百二十回計八十回是曹雪芹的原作。後四十回是高鶚的續作。原作和續作都經過多次增删修改，形成不少底稿本。人們根據這些底本輾轉傳抄，翻印，又出現了許多不同的版本。曹雪芹和高鶚的原稿本早已湮没，流傳到今天的早期抄本和印本也不多了。已經成的研究《紅樓夢》和封建社會歷史的珍貴文物。因此，了解一點關于《紅樓夢》版本的知識，對于廣大讀者更深刻地理解和認識《紅樓夢》這部小說，是會有一定幫助的。

　　《紅樓夢》版本史告訴我們，這部在中國風行了兩個世紀的古典小說，大體上是以八十回抄本和一百二十回印本兩個系統，先後流傳于世的。本文就這兩個主要版本，粗淺地談一點情況和意見，供《紅樓夢》讀者參考。

　　曹雪芹經歷了"十年辛苦，五次删改"，才寫完《紅樓夢》的前八十回。後幾十回有個初稿，還來不及改完，就被病貧奪去了生命，竟使這部小說成了未完成的偉大作品。

　　曹雪芹生前十年中，《紅樓夢》稿本曾在極少數至親好友中抄閱評論。而他身後的三十年間，"是書前八十回，藏書家抄録傳閱。""有些好事者"也争相傳抄，在廟市中高價出賣，雖然每部售價高達"數十金"，還是"不脛而走"。可見這部小說在當時的士大夫階級中相當盛行，傳抄本一定很多。但是流傳下來的八十回抄本寥寥無幾，有如鳳毛麟角。

　　從現存的幾部早期抄本看《紅樓夢》本名《石頭記》書中帶有脂硯等人的批語，全稱叫《脂硯齋重評〈石頭記〉》。因此，一般把這系統的本子統稱爲"脂硯齋譯本"，簡稱"脂譯本"或"脂本"。

　　目前已經發現的《紅樓夢》舊抄本中前八十回正文或批語屬于脂本系統的，大約有十二種，其中比較重要的有七，八種，過去所謂"甲戌本"，"庚辰本"，"乙卯本"，"巳酉本"，都是以干支年份定的名稱，并不符合這些版本形成的實際年代。這類名稱，容易使人誤會爲"某某本就是某某年的本子，增加改訂版本年代的困難，爲了避免引起誤會，下文介紹的各脂本一律簡稱"脂某本"。

1.脂京本（舊稱庚辰本）——

北京大學藏七十八回本《脂硯齋重評〈石頭記〉》。原本八十回，中缺第六十四回、六十七兩回。有雙行批、倒眉批及回前回後批。此本于 1933 年在北京出現，1955 年北京文學古籍刊行社用朱墨兩色套本影印，是縮影的。但在現存各本子中其底本的年代最早，保存曹雪芹的原文和脂硯齋的批語最多，是比較完整的一個脂本。此本第十七，十八回尚未分開；第十九回無回目；第二十回未補完；第七十五回缺中秋詩；第八十回無回目。這些情況，保留了曹雪芹生前原稿的本來面目，是考證《紅樓夢》成書過程的重要材料。

2.脂館本（舊稱已卯本）——

北京圖書館藏三十八回本《脂硯齋重評石頭記》。原本八十回，現存第一至二十，三十一至四十，六十一至七十回，內缺第六十四，六十七兩回，據另一個乾隆抄本抄配。此本有幾個特點：（1）第三十四回回末題："《紅樓夢》第三十四回終，"說明曹雪芹生前一度以《紅樓夢》爲書名。（2）批語絕大多數在正文內雙行書寫，只有幾次寫在正文右側，這些側批爲別本所無。（3）第十七，十八回尚未分開；第十九回沒有回目；第六十四，六十七回原缺。這些情況與脂京本是一樣的。由此可見，脂京，脂館可能出于同一祖本——"脂硯齋四閱評本"。

3.脂殘本（舊稱甲戌本）——

十六回殘抄本《脂硯齋重評石頭記》。原本八十回；殘存一至八回，十三至十六回，二十五至二十八回。此本於 1927 年在上海發現後，被文人胡適收藏了三十多年。1962 年，中華書局用朱墨兩套版影印出來。這個本子雖然殘缺不全，却有許多優點：（1）這個本子的祖本，可能是脂硯齋的編輯本，就是説，它的底本是從兩個脂硯手批本過錄的，因此更接近原稿。(2)此本第一回有兩段文字，是其他各脂本所沒有的，多出八百多字。（3）此本所存各回的脂批，比其他的脂本都多得多。有些特別重要的批語，各本都沒有，此本獨存。

4.脂戚本 ——

有正書局石印戚蓼生序本《石頭記》。存八十回正本，有雙行夾批。回前回後批。卷首有戚蓼生的收藏本，約在光緒年間爲俞明震所得，後歸上海有正書局老板狄葆賢，據以石印，世稱有正本。先後印三次：1912年石印"大字本"。1920年，有正又印了一種"小字本"，用大字本剪貼縮印。小字本於1927年再版。

5.脂府本 ——

清蒙古王府藏抄本《石頭記》。十二卷，一百二十回。前八十回大體同脂戚本。此本雙行批及回前回後批，大部份與戚本同，也有多出戚本的。此外，有六百多條側批，是別的脂本所没有的，這是紅樓夢版本史上一個重要的新發現，值得引起研究者的重視和探討。此本于1960——1961年之際在北京出現，由北京圖書館收藏。

6.脂南本 ——

南京圖書館藏抄本《石頭記》。存八十回。白紙，無竪欄，工楷精抄。多數研究者認爲此本是在有正印之先，借俞藏原本所影抄者。也有人認爲，南京本和俞藏本出於同一祖本，是"兄弟"關系，不是"父子"關系。

7.脂寧本 ——

南京出現的靖應鶚藏抄本《石頭記》。八十回本，中有殘缺，約存七十八回。從書中的藍紙封面和藏書印記的地位看，知道原本爲十九小分册，合裝而成十厚册。書中有四十一回或多或少都有批語。以戚本對照，其中三十九回都有爲戚本所無的批語，共一百五十條。傳聞原本已遺失，在尚未重新發現以前，這些摘録的脂批具有一定的資料價值。

8.脂夢本（舊稱甲辰本）——

　　夢覺主人序本紅樓夢。八十回本，全。此本於1953年在山西發現，現藏北京圖書館，夢本的主要特點是：（1）最早正式題名爲《紅樓夢》，從此以後，《石頭記》這個書名漸漸被《紅樓夢》取代了。（2）夢本所據底本接近脂殘本，但對正文作了大量的刪改，出現了大批異文，程高本沿襲了這些改動。（3）底本的脂批被大量刪弃。

9.脂稿本 ——

　　指乾隆抄本一百二十回《紅樓夢》稿的前八十回。全書一百二十回，由四個底本抄集校改而成，其中前八十回的底本，是兩個脂評本。此書發現於1959年春，現藏中國科學院文學研究所。1963年一月由中華書局影印出版。這是”脂本系統“中最早的抄本之一，保存了曹雪芹舊稿的一些痕迹，是研究《紅樓夢》成書過程的重要資料。

10.脂舒本（舊稱已酉本）——

　　舒元煒序本《紅樓夢》。原本八十回，存一至四十回。卷首乾隆五十四年已酉（1789）舒元煒序。正文屬脂本系統，經竄改，無批語。

11.脂鄭本 ——

　　鄭振鐸藏殘抄本《紅樓夢》。原本八十回，殘存第二十三，二十四兩回。正文屬脂本系統，經竄改，無批語。

12.脂亞本 ——

　　蘇聯亞洲人民研究院列寧格勒分院藏抄本《石頭記》。八十回本，全。此本正文屬早期脂本系統，有批語，其中眉批和側批跟脂本全不相同；雙行批與脂京本大致相同。此書是庫連濟夫在道光十二年（1832）從北京帶回俄國去的。

　　上述十二個本子，同屬脂評系統，但從文字内容到抄寫形式，又可分爲三種類型。

　　第一類是比較正規的脂硯齋評本，如脂京，脂馆，脂殘，脂亞等。脂稿本前八十回未改前的原文，也屬于這一類。這些本子盡管出於輾轉過録，有的用幾個底本拼抄而成，錯亂殘缺得很嚴重，但它們的祖本都是真正的脂評本，過録時也没有經過旁人的增删竄改，書名都叫《脂硯齋重評石頭記》。書中保存了大量的曹雪芹原文和脂硯齋批語，這對研究曹雪芹的《紅樓夢》原著，是最可珍貴的第一手資料。

　　第二類是經過旁人加工整理的脂評本，如脂戚，脂府，脂寧等。這類本子保留了脂本的正文和批語，却把批語中的"脂硯齋"的署名全部删去，書名中"脂硯齋重評"字樣也抹掉了，只題《石頭記》。另外，回前回後和行間，出現了許多早期脂本所没有的批語，有些顯然不是脂批，因無署名，不能確認。種種迹象表明，這些本子的祖本，是曾經有人加工整理過的脂本。

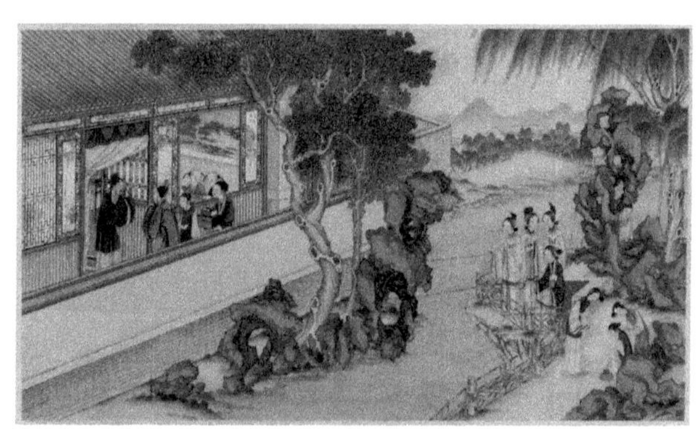

　　第三類是經過後人增刪竄改的脂本，如脂夢，脂舒，脂鄭等。脂稿本前八十回改後的面貌，可屬此類。這類本子雖然也以脂本爲根據，但又大規模的刪改曹雪芹的原文和刪棄脂硯齋的批語，於是，有的成了白文本，有的變爲程高刊本的祖本。

　　1791 年和 1792 年，程偉元兩次刊行高鶚的百二十回本，在《紅樓夢》版本史上結束了傳抄時代，開辟了刊印時代。從那以後，各種版本的百二十回《紅樓夢》，象雨後春笋一樣涌現出來。這些印本，都以高鶚修改補作的活字本爲祖體，可以叫做："高鶚續書本"，簡稱"高續本"或"高本"。

"高本"系統的版本很多，在舊中國流行最廣的，主要的有下列幾種：

1. 程甲本 ——
　　乾隆五十六年辛亥萃文書屋活字本《新鐫全部繡像紅樓夢》。前有程偉元序，高鶚序。

2. 程乙本 ——
　　乾隆五十七年壬子萃文書屋活字本。前面增加了高鶚"引言"。程高兩次排印時間相隔只有七十五天，而程甲本一五七一葉中，程乙本作了改動的竟有一五一五葉之多。據統計，程乙本比程甲本增删字數達 21506 字，其中前八十回就增删了 15537 字。這樣高本與曹雪芹原作的距離，就更遠了。

3. 王評本 ——
　　王希廉（雪香，護花主人）評；道光十二年雙清仙舘刊本《新評繡像紅樓夢全傳》。這是高本系統中流行最廣，影響最大的一種版本。

4. 張評本 ——
　　張新之（太平閑人，妙復軒）評：妙復軒評《石頭記》。

5. 姚評本 ——

　　姚燮（梅伯，大某山民）評：《增評補圖石頭記》。從清末到辛亥革命以後流行的本子，是把王，張，姚三家評注合在一起印行的。

　　中華人民共合國成立以來，從 1953 年到 1964 年，人民文學出版社前後印過四種百二十回的《紅樓夢》版本。1973 年，人民文學出版社又重印出版了《紅樓夢》。

　　通行的《紅樓夢》百二十回鉛印本，是以程乙本爲底本，經過校點整理的，屬於高本系統。書中前八十回經高鶚修改，與曹雪芹原作有一定的距離；後四十回不是曹雪芹的原作，而是高鶚補寫的。後四十回表現出來的思想意趣和詩文風格，在高鶚的詩，詞，文稿中，可以得到印證。

　　當然，承認高鶚補書的事實，并不等于説他補得完美。高鶚的續書，某些地方遵循了曹雪芹原來的藝術構思，描寫了寶黛愛情的悲劇結局，描繪了四大家族的種種哀落情況，較之《紅樓夢》其它續書中的狗尾續貂之作，自有一定的長處。但是，高鶚的續書無論在文字藝術性方面，都遠遠不如曹雪芹的原作。

　　通過對各脂本的正文和批語的整理，研究，我們已能大致確定曹雪芹原作前八十回的面目，推知曹雪芹後四十回未完稿的輪廓——特別是書中幾個主要人物的歸宿和四大家族破敗衰亡爲主題的全書結局。對照高鶚修改補寫的一百二十回本，不難看出，前八十回原文經他“臆改”，許多地方失去了“本來面目”；高鶚續書的重大缺陷，在于它違反了曹雪芹的基本構思，而在四大家族的徹底敗落面前停止了脚步，引出了一個“光明”尾巴。高鶚大寫什麼“休皇恩”，“延世澤”，“家業再振”，“蘭桂齊芳”等等，從根本上削弱了曹雪芹《紅樓夢》反封建的主題思想。

　　因爲，曹雪芹的原著《紅樓夢》有着較鮮明的反封建禮教仕途科舉的傾向和寶黛愛情及一系列男女“風月情濃”的現象，爲此，書成之後，就被封建士大夫們認爲是“淫書”，屢遭禁毀。而幸存的幾部脂評本，又長期壟斷在統治階級和少數人手裏，廣大讀者又無法看到曹雪芹原作的真貌。這裏所舉的一些關于《紅樓夢》的各種版本，對愛好《紅樓夢》一書的讀者和研究者也許會有些幫助。

（十六）後記

　　《紅樓夢》是中國古典小説中最偉大的一部"説不盡"的奇書，它以空前的藝術高度，巨大的魄力和才情，寫下了中國封建社會和封建世家的衰敗史，寫下了封建階級的一代判逆者的哀痛欲絶的愛情悲劇，作爲一個藝術裏程碑，《紅樓夢》是中國古典現實主義的皇冠，代表着中國小説的光榮，也影響了後世小説的命運。

　　《紅樓夢》雖然成書于清朝中期，但是，一直到今天仍暢銷不衰，徵服了一代又一代讀者。它是後世文學界公認的古典文學巔峰之作，也被看作是舊時代的封建社會百科全書和中華傳統文化的集大成者。進入 20 世紀之後，引起衆多後世學者的興趣，研究，并開設了專門研究《紅樓夢》爲主的學科"紅學"。值得廣大讀者，文學愛好者，紅學研究者進一步深造探求。

　　爲紀念父親龐元龍的著作《紅樓夢類輯》所付出的辛勤耕耘，實現他夢寐以求的夙願，承蒙社會熱情人士的大力幫助，在此表示衷心的感謝！

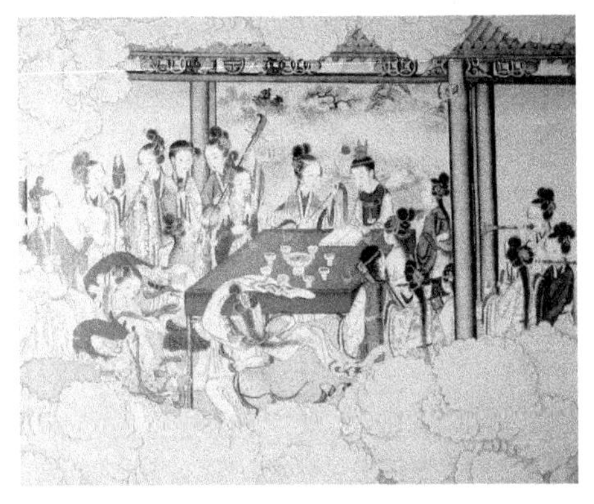

龐德昌 ＊ 龐德馨 ＊ 龐德明

2022 年 12 月